国网绿链
STATE GRID GREEN SUPPLY CHAIN

国网绿色现代数智供应链
—— 知识体系丛书 ——

U0662022

供应链
风险管理

国家电网有限公司　组编

中国电力出版社
CHINA ELECTRIC POWER PRESS

内 容 提 要

本书是对国家电网有限公司绿色现代数智供应链风险管理创新与实践的系统性提炼，阐释了供应链风险管理理论体系、供应链风险识别、供应链风险防控以及国家电网有限公司在组织防控、业务防控、监督防控、技术防控和防控资源保障方面的创新实践举措，并从多维、全方位视角选取凝练了国家电网供应链风险防控的典型案例，充分展现了其在该领域上的特色经验和成效。

本书可为企业及社会各界供应链风险管理提供借鉴，也可供供应链专业人员认识学习阅读。

图书在版编目（CIP）数据

供应链风险管理 / 国家电网有限公司组编. -- 北京：
中国电力出版社，2024.12（2025.1重印）. -- (国网绿色现
代数智供应链知识体系丛书). -- ISBN 978-7-5198-9046-9

Ⅰ.F426.61

中国国家版本馆 CIP 数据核字第 2024TS9100 号

出版发行：中国电力出版社
地　　址：北京市东城区北京站西街 19 号（邮政编码 100005）
网　　址：http://www.cepp.sgcc.com.cn
责任编辑：王蔓莉　张冉昕（010-63412364）
责任校对：黄　蓓　王海南
装帧设计：张俊霞
责任印制：石　雷

印　　刷：三河市万龙印装有限公司
版　　次：2024 年 12 月第一版
印　　次：2025 年 1 月北京第二次印刷
开　　本：787 毫米×1092 毫米　16 开本
印　　张：11
字　　数：190 千字
定　　价：70.00 元

丛书编委会

主　任　季明彬

副主任　卓洪树　任伟理　王增志　宋　岱

委　员　孙　浩　宋天民　易建山

丛书专家组

组　长　何黎明

副组长　蔡　进

成　员　王书成　胡凌云　汪希斌　张志军　赵　辉

　　　　常朝晖　董健慧　季楷明　朱长征　刘雪飞

　　　　刘伟华　朱翔华

特邀审稿专家

　　　　何明珂　刘晓红　胡江云　王喜富　高红岩

　　　　苏菊宁　孔继利

丛书编写组

主　编　卓洪树

副主编　孙　浩　宋天民　易建山

成　员　杨砚砚　陈　广　张　柯　熊汉武　龙　磊
　　　　赵海纲　王培龙　胡　东　赵　斌　杨志栋
　　　　孟　贤　黄　裙　储海东　谭　骞　陈少兵
　　　　刘俊杰　樊　炜　陈石通　周亦夫　张新雨
　　　　丁　昊　朱迦迪　刘明巍　李　屹　尹　超
　　　　何　明　吴　强　李海弘　张　兵　王光旸
　　　　陈秀娟　王　健　孙启兵　张　瑞　孙　扬
　　　　孙　萌　于　胜　戎袁杰　张元新　胡永焕
　　　　厉　苗　吴　臻　纪　航　刘　昕　丁亚斐
　　　　贾成杰　许沛丰　王宇曦　王延海　侯立元
　　　　牛艳召　曾思成　党　冬　黄　柱　宋述贵
　　　　张　斌　何　灵　汪　琨　满思达　张　昊
　　　　郝佳齐　姜旭航　王　玮　仇爱军　郭　振
　　　　周晓炯　孔宗泽　赵红阳　王　聪　王银洁
　　　　李明哲　杨　凯　邹慧安　孙宏志　李洪琳
　　　　骆星智　李俊颖　赵　钰　时薇薇

本 册 编 写 组

组　　长　孙　浩

副 组 长　杨玉强

成　　员　胡　东　　樊　炜　　汪　琨　　满思达　　谭云燕

　　　　　吴　波　　胡晓哲　　岳　衡　　闫　亮　　费军炜

　　　　　袁　涛　　王志广　　朱晨璐　　陈　翔　　苗　欣

　　　　　张　路　　余　波　　谭　豪　　陈国斌　　杨　阳

　　　　　陈文强　　孟祥磊　　熊奕鸣　　黄煜杰　　朱文立

　　　　　陈冶鹏　　陈学琴　　常健翔　　黄晓婧　　李　宁

　　　　　夏　萍　　白　杨

特邀专家　朱长征　　孙艺杰　　谭玲玲　　李永飞

随着全球一体化的程度越来越高，市场竞争不断加剧，供应链管理已成为经济和社会活动中的一个重要组成部分。供应链管理发展到今天，早已突破企业之间、产业之间的边界，成为国家竞争力的重要体现，也是国家之间合作与博弈的热点焦点。以习近平同志为核心的党中央高度重视供应链建设工作，作出了提升供应链现代化水平和自主可控能力、提高供应链稳定性和国际竞争力等系列决策部署，为中央企业供应链发展指明了方向。党的二十届三中全会再次强调"健全提升产业链供应链韧性和安全水平制度""打造自主可控的产业链供应链""健全绿色低碳发展机制""推动产业链供应链国际合作"。国务院国资委对中央企业在建设世界一流企业中加强供应链管理提出明确要求。国家电网有限公司全面贯彻党中央、国务院指示精神，聚焦供应链数智转型、绿色低碳、协同发展，创新打造国网绿色现代数智供应链管理体系，支撑经济和社会高质量发展。

作为关系国民经济命脉和国家能源安全的特大型国有重点骨干企业，国家电网有限公司始终坚持以习近平新时代中国特色社会主义思想为指导，坚持问题导向、目标导向和系统观念，推动公司和电网高质量发展，保障电力供应、促进能源转型、支撑和服务中国式现代化建设。在改革和发展过程中，国家电网有限公司紧紧围绕党中央、国务院关于推动产业链供应链优化升级重大决策部署，持续推动供应链创新发展，特别是从 2022 年起，创新构建具有"协同化、智慧化、精益化、绿色化、国际化"特征的国网绿色现代数智供应链管理体系（简称"国网绿链"），以平台为着力点、采购为切入点、整合为突破点，实施"绿链八大行动"，形成"标准引领、需求驱动、数智运营、平台服务"的绿色数智发展新业态，提效率、增效益、促效能，有效提高了采购和供应链资源保障能力、风险防控能力、价值创造能力和行业引领能力，确保产业链供应链安全稳定。

国网绿链聚焦供应链数智转型，用链式思维创新生产组织服务方式，以实物 ID

为纽带，实现"一码贯通，双流驱动"，建设供应链公共服务平台，建立供应链基础大数据库、高端智库，打造能源电力产业链供应链统一"数据底座"，有效打通创新链、资金链、人才链、价值链，推动全链业务实现跨专业、跨企业、跨行业数字化交互和智能化协同，促进形成新质生产力，服务能源电力产业链供应链高质量发展。国网绿链聚焦供应链绿色低碳，将绿色、低碳、环保的理念和技术融入供应链全过程、各环节，构建绿色低碳标准、评价、认证体系，印发央企首个《绿色采购指南》，深入实施绿色采购，推动能源电力领域技术创新、装备升级、节能减排和环保循环，助力形成绿色产业集群，构建供应链"全绿""深绿"生态，服务能耗"双控"向碳排放"双控"转变。国网绿链聚焦供应链协同发展，充分发挥国家电网有限公司作为能源电力产业链"链长"和供应链"链主"的超大规模市场"采购引领"作用，大力营造公开、公平、公正和诚实信用的招投标环境，倡导行业向绿色低碳、数智制造转型升级，推动产业链供应链高质量发展，助力构建协同共赢的供应链生态，促进全国统一大市场建设，推动新发展格局落地。

在供应链变革与重构的新格局中，供应链体系的价值逐步得到体现。国家电网有限公司在构建国网绿链的过程中，不断总结实践经验和创新成效，提炼超大型企业供应链发展的方法论，形成了国网绿链的理论及知识体系。本套丛书是国网绿链知识体系的精髓，既涵盖全社会供应链先进管理体系、流程、方法和技术，又突出了国网绿链的创新特色成效。希望以丛书的出版为契机，搭建共享交流平台，为大型国有企业探索现代供应链实践提供借鉴。诚挚欢迎关心关注供应链发展的社会各界人士提出宝贵意见。国家电网有限公司将持续深化绿色现代数智供应链管理体系建设，加快建设具有中国特色国际领先的能源互联网企业，为以中国式现代化全面推进强国建设、民族复兴伟业作出更大贡献！

国家电网有限公司副总经理

当今世界正经历百年未有之大变局，国际金融市场动荡、经济全球化遭遇逆流、部分国家保护主义和单边主义盛行等不利局面正冲击现有经济秩序，全球产业链供应链面临着快速重构的风险。大国之间对供应链主导权的争夺进入白热化阶段，区域化阵营化竞争手段正逐步取代以往市场化竞争，产业链供应链韧性与安全成为供应链布局的重要考虑因素，数智化、绿色化成为供应链转型的国际共识。

习近平总书记高度重视产业链供应链发展建设工作，在党的十九大报告中首提现代供应链，将其作为深化供给侧结构性改革、发展现代化经济体系的重要组成部分。党的二十大报告中明确提出"着力提升产业链供应链韧性和安全水平"，是以习近平同志为核心的党中央从全局和战略的高度作出的重大决策部署。《中华人民共和国国民经济和社会发展第十四个五年规划和 2035 年远景目标纲要》也提出了"分行业做好供应链战略设计和精准施策，形成具有更强创新力、更高附加值、更安全可靠的产业链供应链"。2023 年国务院国资委印发的《关于中央企业在建设世界一流企业中加强供应链管理的指导意见》中进一步明确了供应链管理的重要性。二十届三中全会公报中进一步强调了要"健全提升产业链供应链韧性和安全水平制度，健全促进实体经济和数字经济深度融合制度"。

在此基础上，全社会供应链思维明显提升，各企业大胆创新、积极探索，有利地推动了企业供应链国际化、绿色化、智能化水平持续提升，形成了一批先进实践经验。一批供应链领先企业迅速成长，围绕全球采购、生产、分销、物流等全面布局，在充分利用国际国内两个市场、两种资源等方面，起到了积极示范引领作用。随着习近平生态文明思想的贯彻落实，碳达峰、碳中和目标设立，建立健全绿色低碳循环发展的经济体系，已逐步由愿景走向现实。构建绿色供应链，需要国有企业主动承担绿色转型领头责任，引导企业做好业务发展与社会责任的有机平衡，将绿色可持续发展嵌入供应商选择、生产、物流、再生资源回收利用等全流程各环节。加快发展新质生产力，推动企业数字化转型提速，促进数字技术与实体经济融合，对企业供应链管理提出了新的要求。

作为关系国计民生的特大型国有骨干企业和全国供应链创新与应用示范企业，国家电网有限公司深入贯彻落实党中央、国务院关于推动产业链供应链发展相关重大决策要求，充分发挥知识资源对供应链创新发展支撑服务作用，构建绿色现代数智供应链管理知识体系，有效吸收了当前国际、国内主流知识体系精华，在总结自身成功的供应链管理实践案例基础上，结合中国能源行业产业链供应链发展特色，编写出这套兼具国际视野与中国特色、专业知识与企业实践相结合的知识体系丛书。该套丛书依托其特色优势，不仅能激励和引领国内企业持续创新供应链管理理念和方法、全面提升供应链管理现代化水平、助推我国现代供应链高质量发展，亦可作为培训教材培养一批具有先进供应链管理经验的高级专业人才，为指导提升我国供应链从业者业务能力水平作出贡献。

实现世界一流企业的发展目标任重道远。在此，我向大家推荐《国网绿色现代数智供应链知识体系丛书》，希望该系列丛书能够给各行业企业尤其是能源企业供应链从业者提供借鉴和帮助，进一步引导我国各行业企业供应链管理水平不断提升，促进我国产业链供应链高质量发展。

中国物流与采购联合会会长　何黎明

　　随着经济全球化和网络化的发展，新供应链理念已经成为促进全球领先企业及其上下游企业实现资源优化配置、提升运营效率、提高核心竞争能力、适应全球市场发展要求的重要途径和手段。当前，我国正在深化供给侧结构性改革，经济已由高速增长转向高质量发展。受逆全球化、贸易保护等多重因素影响，全球供应链加速调整和重构，不稳定性和不确定性显著增加，供应链保障已经成为国家战略安全的重要组成。中央企业在国家产业链供应链体系建设中具有不可替代的地位，也承担着义不容辞的责任。

　　国家电网有限公司作为关系国民经济命脉和国家能源安全的特大型国有重点骨干企业，始终坚持以习近平新时代中国特色社会主义思想为指导，牢牢把握能源保障和安全这个须臾不可忽视的"国之大者"，全面贯彻落实国家战略部署要求，主动顺应信息技术发展潮流，围绕"绿色、数字、智能"现代化发展方向，打造具有行业领先地位和示范作用的绿色现代数智供应链管理体系，为推动国家电网有限公司高质量发展，支撑和服务中国式现代化提供了优质高效的供应链服务保障。

　　国网绿色现代数智供应链管理体系不仅提升了企业自身的供应链管理水平，在推动行业内乃至社会的供应链发展方面也有重要意义。

　　一是发挥"排头兵"的示范作用，为超大型企业供应链管理创新提供借鉴。对于国有企业来说，传统的供应链管理已经无法适应市场的需求，标准化、集约化、专业化、数字化、智能化是供应链转型的大方向。国网绿链坚持管理创新和科技创新双轮驱动，推动了供应链绿色化、数字化、智能化、现代化转型，在有效提升自身供应链运营水平的同时，为能源电力产业链供应链资源整合、提质增效、转型发展贡献了巨大力量，这些改革和创新经验为国内外企业的供应链创新发展提供了"国网方案"。

　　二是推动电工装备行业发展，带动产业链供应链价值提升。国家电网有限公司是全球最大的公用事业企业，处于产业链供应链的核心枢纽和链主地位。国网绿链充分发挥了超大规模采购的市场驱动力，用需求引领跨行业、跨平台、跨企业的专业化整合，不仅助力了全国统一大市场建设，还带动了全供应链绿色低碳、数智转型，营造和谐共赢的供应链生态圈，推动能源电力装备制造业乃至供应链上下游企业提档升级。

三是有效提升稳链固链能力，助推国家战略落地。国家电网有限公司作为全球电力领域的领跑者，利用国网绿链这个"火车头"，一方面引领了能源电力供应链产业链创新与变革，提升了供应链产业链韧性和安全稳定水平；另一方面带动了中国能源电力行业走向国际市场，加快我国的供应链标准和模式"走出去"，确保全球供应链的开放、稳定、安全，积极建设全球能源互联网，推动"一带一路"沿线经济带发展，助力构建人类命运共同体。

中国供应链发展要找到属于自己的道路，依靠的正是各行各业供应链从业者不断地探索和创新，众多的"先行者"为推动中国供应链事业发展，形成具有中国特色的供应链管理理论作出了重要贡献，而国家电网有限公司正是其中的"领头雁"。

《国网绿色现代数智供应链知识体系丛书》全面研究世界一流供应链发展方向和国家电网有限公司供应链应用经验，系统阐述了绿色现代数智供应链发展理论支撑、管理体系框架、战略要素构成、业务运营实践方面的创新思路及成效，相信来自各界的读者，无论是企业管理者，还是政策制定者，都能够从这套丛书中收获新的思路和启发。希望国家电网有限公司进一步以世界一流目标为指引，以央企的时代情怀，在供应链创新与应用中，进一步发挥"大国重器与压舱石"作用，在推动国家经济高质量发展中勇当标杆、率先垂范，为中国经济高质量发展作出更深层次的思考和更大的贡献。

中国人民大学商学院教授

　　国家电网有限公司坚决贯彻党中央、国务院战略部署，落实国资委《关于中央企业在建设世界一流企业中加强供应链管理的指导意见》，创新构建绿色现代数智供应链，持续推动物资管理水平提升。在此基础上，结合内外部环境需求，总结绿色现代数智供应链建设经验，构建了国家电网有限公司绿链知识体系，这是加强绿色现代数智供应链管理体系建设的一项重要举措，也是能源电力行业的首创。

　　《国网绿色现代数智供应链知识体系丛书》是深化国家电网有限公司绿链知识体系建设、打造供应链专业化人才队伍的重要抓手。丛书紧跟供应链专业化发展新趋势，将国际、国内前沿供应链管理理论与国家电网有限公司供应链管理创新实践相结合，以"理念先进、内容全面、专业实用、创新发展"为原则，既具备普适性，又体现创新性，既涵盖国际通用的供应链六大基础要素，又延伸覆盖规划设计、施工安装、运行维护等要素，形成具有国家电网有限公司特色的供应链九大要素。丛书采用一总册九分册形式，其中总册为《绿色现代数智供应链》，九分册分别为《供应链需求与计划管理》《供应链采购管理》《供应链物流管理》《供应链合同管理》《供应链质量监督管理》《供应链供应商关系管理》《供应链精益运营》《供应链风险管理》《供应链标准化与数智化管理》。

　　丛书既面向国家电网有限公司内部，为公司供应链从业人员夯实基础、拓展视野、提升水平、指导实际操作提供指引，又面向产业链供应链链上企业，为相关供应商、服务商、物流商理解绿色现代数智供应链理念和管理要求建立有效途径，促进供应链上中下游利益相关方深化协作，带动链上企业共同发展。同时可供各行业供应链管理人员学习和交流参考，促进共同提升全社会供应链管理水平，推动国家加快构建现代供应链管理体系。

　　本书是丛书的《供应链风险管理》分册，主要从供应链风险基础知识、国家电网有限公司供应链风险防控体系、国家电网有限公司供应链风险防控重点举措等部分展开论述，介绍了供应链风险防控相关理论知识和国家电网有限公司供应链风险防控典型实践经验和优秀案例。

在章节分布上，本书系统性地梳理了供应链风险管理理论基础，以及国家电网有限公司供应链风险识别、风险防控机制、组织防控、监督防控、技术防控以及供应链风险防控资源保障等领域的最佳管理实践，并选取多个典型案例，多维度、多方面地展现了国家电网有限公司在供应链风险管理方面的特色经验和成效。同时，结合"三全三化"、数智监督的供应链风险防控体系，提出了对未来优化提升供应链风险防控的前瞻性思考。

本书在编写过程中，得到多位同行及内外部专家的指导和支持，在此表示诚挚的感谢。限于编者水平，书中不足之处在所难免，恳请各位专家、读者提出宝贵意见。

编　者

2024 年 11 月

国网绿色现代数智供应链知识体系丛书

供应链风险管理

Contents
目 录

第一章

供应链风险管理概述

供应链在国内外有多种理解,一般国际上认为供应链是指生产与流通过程中所涉及将产品或服务提供给最终用户的上游与下游企业所形成的网链结构。供应链通常较为复杂,牵涉诸多可变因素,其中任一突发因素都可能会造成供应链中断。供应链风险管理是供应链管理的重要组成部分,是确保供应链健康、持续、稳定发展的前提条件。本章重点阐述了风险与风险管理、供应链风险和管理、供应链风险防控等三个方面的基础理论知识,主要包括概念、内涵、特征、目标等内容。

第一节 风险与风险管理

风险是指尚未发生的事件,风险的发生有时是不可避免的、毫无预兆的、难以准确预判的,并且会造成重大伤害和破坏性影响。风险管理是一种系统性的方法,涉及对风险的识别和评估、监测和控制已识别的风险,最大程度减少负面影响。本节阐述了风险的含义和特征,风险管理的定义、目标、分类和意义。

一、风险概述

(一)风险的含义

对于风险的含义,不同学者有不同的解释。很多文献中都将"风险"与"不确定性""损失""破坏"等词联系起来,如表 1-1 所示。

表 1-1 不同的风险定义

序号	风险的定义	提出学者
1	风险是一项概率度量和不利影响的严重程度	Lowrance
2	风险是可能产生潜在的、值得关注的、令人失望的结果的不确定性	Sitkin 和 Pablo
3	风险是损失的主观决定期望	Mitchell
4	风险=事件发生的可能性×事件所产生的负面影响	Hallika、Virolaine 和 Tuominen
5	风险一词起源于意大利语"risicare",意思是挑战(dare),还可追溯到 Pascal 和 Fermat 等数学家尝试用纯数学模型进行博弈的过程	Khan 和 Burnes 等学者
6	风险是企业暴露在不确定事件中的程度	宁钟和孙薇

国家标准化管理委员会也发布了国家标准《风险管理 指南》(GB/T 24353—2022),将风险定义为:不确定性对目标的影响。其中,影响是指偏离预期,可以是正面影响或负面影响。风险通常可以用风险源、潜在时间及其后果和可能性来描述。

综合国内外学者的观点及相关国家标准，本书将风险定义为：实际情况与预期情况相偏差而导致不利影响或损失的不确定性。

（二）风险的特征

1. 不确定性

风险的不确定性是指针对未来事件或其结果，无法预测或确定风险发生的时间、地点、程度和影响。不确定性通常由缺乏信息或知识、事件的复杂性和不可预测性等因素导致。

2. 突发性

风险的突发性是指风险事件突然发生或突然加剧的特征。风险可能在任何时候突然发生。突发性通常是由突发事件或紧急情况引起的，这些事件可能是自然灾害、技术故障、安全漏洞等。

3. 可能性

风险是可能发生的事件或情况，不一定会发生，存在一定的概率。可能性通常是由某些事件或行动发生的概率引起的。这些事件或行动可能是有意识的或无意识的，可控的或不可控的。可能性的大小取决于各种因素，包括历史数据、趋势、环境、行业和市场等。

4. 危害性

风险的危害性是指其所带来的潜在损失或负面影响的严重程度。危害性通常描述的是由风险事件对人们的生命、生存环境、财产或声誉造成的潜在损害程度。危害性大小取决于风险事件的性质、规模和影响范围等因素。

二、风险管理

（一）风险管理的定义

《风险管理　指南》（GB/T 24353—2022）将风险管理定义为指导和控制组织与风险相关的协调活动。风险管理通过系统性地识别、评估和处理潜在风险，最大程度减少负面影响。通过有效的风险管理，组织可以更好地保护其利益，实现目标并提高绩效。

（二）风险管理的目标

风险管理的目标是以最小的管理成本，获得最大的安全保障，以减少风险造成的损失和对环境的不利影响。为实现根本目标，一般把风险管理目标细化成两类。

第一类是损前风险管理目标，包括经济合理目标、安全系数目标、社会责任目标。

第二类是损后风险管理目标，包括维持生存目标、保持经营连续性目标、稳定收益目标、履行社会责任目标。

（三）风险管理的分类

风险管理是一种预防性的管理方法，用于识别、评估和应对可能对组织目标产生负面影响的事件或情况。根据风险性质，风险管理主要分为：①战略风险管理：主要管理来自政治、经济和市场等方面，对组织整体战略影响较大的风险。②操作风险管理：主要管理组织内部因管理、流程、人员等方面可能造成的风险。③财务风险管理：主要管理涉及组织资金管理、财务报表准确性等方面的风险。

（四）风险管理的意义

风险管理能够有效地对各种风险进行管理，具有以下意义：①有利于企业做出正确的决策；②有利于保护企业资产的安全和完整；③有利于实现企业的经营活动目标。

第二节　供应链风险与管理

供应链因其涉及大量跨职能部门、外部供应商和第三方合作伙伴的协同合作，导致业务模式和流程往往更加复杂，供应链风险随时都有可能发生。因此，有效的供应链风险管理是企业构建全面风险管理体系的基础。本节主要介绍了供应链风险的概念和特点、供应链风险管理的内涵和主要内容。

一、供应链风险的概念

关于供应链风险的基本概念，不同学者有不同的观点。表1-2列举了一些典型、有代表性的观点。

表 1-2　　　　　　　　　　　典型的供应链风险定义

序号	供应链风险定义	提出学者
1	在供应链管理过程中，由于内外部环境的不确定性，可能对供应链的稳定性、可靠性、弹性等方面造成潜在的负面影响的事件或因素	李晓红、李晓琳、王志强
2	供应链风险是指因供应链脆弱性，风险的发生会增加供应链成本，使运行效率降低，导致供应链成员受损	Donald Waters

续表

序号	供应链风险定义		提出学者
3	供应链风险是指由于各种无法预测的不确定因素存在，供应链节点企业可能遭受损失		Mojtaba Akbari、Seyed Mohammad Seyedhoseini
4	供应链风险的产生是由于供应链存在不确定性因素或意外事件，这些因素或事件会影响和破坏供应链政策运营，使供应链预期目标无法达成甚至造成供应链解体		Bing Wang、Xueping Li、Jing Chen
5	供应链风险是供应商或供应市场不得力，使得供应链无法满足终端客户需求，从而影响供应链安全的可能性		李娜、王玉芳、张晓雪

本书通过总结相关概念，将供应链风险基本概念定义为：由于内外部环境及供应链中各方的不确定性因素，导致供应链及其成员利益受损，甚至供应链网络断链的可能性。

二、供应链风险的特点

1. 隐蔽性

供应链风险的隐蔽性使得工作中很难提前识别供应链风险。供应链上的企业紧密相连、相互依赖，相互影响，其中任何一个环节出现问题，都会给供应链带来风险，影响供应链的正常运作。同时，供应链运营环节非常多，每一个环节都有发生风险的可能性，关键的风险因素经常隐藏在某个事件的背后，并不具备很明显的辨识度。只有企业高度重视而且足够专业时，才能提前识别隐蔽的供应链风险。

2. 复杂性

由于供应链是由链上多个伙伴企业组成，供应链越长、流程越多、涉及的合作企业越多，供应链的流转环节也就越多，供应链风险管理就会变得越复杂。受关联因素影响，风险也会处于动态变化之中。根据风险的潜在影响和发生概率，对供应链风险进行分级（详见二维码），有助于指导后续的管控工作。在供应链风险变化过程中，更多的变化方向是轻微的风险在关联传导中变得越来越复杂，所面对的风险类型及影响也越来越大，因此供应链的风险具有复杂性的特点。

延伸阅读

供应链风险的分级

3. 传递性

供应链风险的传递性是指风险在供应链中会进行传播和扩散。现在企业的供应链网络都是一张立体的网，横向和纵向都存在一定的延伸，供应链延伸同时存在线性关系和非线性关系，并且供应链网络里的各个节点相互关联、相互影响。当某个供应商

5

发生问题的时候，首先受影响的就是上下游之间的线性传导。非线性传导则表现为在因供应链间的复杂关系而使供应链出现风险时，关联行业经营环节也随之发生变化，进而面临重大风险。

三、供应链风险管理的内涵

随着全球化和信息化的发展，供应链风险管理越来越受到企业和学者的关注。不同学者对供应链风险管理的理解有所不同，但都强调了对供应链风险的识别、评估和防范的重要性。

供应链风险管理以保障供应链的稳定运作和业务的持续发展作为出发点，需要从供应链的整体角度出发，对供应链中的各个环节进行风险识别和评估，并采取相应的防范措施。此外，供应链风险管理是指在供应链中对各种潜在和实际的风险进行识别、评估、应对和监控，以最大化机会和最小化威胁，实现供应链的可持续发展。

因此，供应链风险管理是指供应链各企业通过独自运行或相互协作，采用风险管理的方法和工具，通过协调或合作来保障供应链节点企业的利益和连续性，应对和控制供应链风险和不确定性。

四、供应链风险管理的内容

供应链风险管理过程与一般风险管理过程类似，由风险识别、风险评估和风险防控等一系列步骤程序组成环节。供应链风险管理的多个过程间存在相关性。

1. 风险识别

供应链风险识别要解决两个问题：风险来自何方？风险事件可归为哪类？风险识别是风险管理的第一步。风险识别过程从收集相关信息资料开始，借助风险识别工具与技术，识别和分析可能的供应链风险，并根据风险识别的结果形成风险来源、风险分类等文档资料。

供应链风险识别要分析供应链各个环节参与的主体及其所处的环境，找出可能影响供应链的风险因素，掌握每个风险事件的特征，确定风险源。可以利用风险管理中常用的方法，如风险核对表，也可以借用质量管理中因果图、可靠性工程中的故障树等工具。

2. 风险评估

供应链风险评估是将未知理论与模糊评判法相结合，建立基于未确知模糊理论的风险评估模型，开展风险评估工作。供应链风险评估后需要对风险进行分类，评估风险的概率和影响力。根据评估结果，确定风险处理的优先级，制定出防范策略。

从供应链角度来讲，风险评估是对供应链所面临的威胁、存在的弱点、造成的影响，以及三者综合作用所带来风险的可能性的评估。作为风险管理的基础，风险评估是企业确定安全需求的一个重要途径，属于企业安全管理体系策划的过程。

3. 风险防控

企业通过在风险识别阶段持续了解风险信息和风险来源后，需要开展有效的风险防控，构建科学的供应链风险防控体系，明确风险防控解决方案，控制风险事件对企业造成的影响，保障供应链稳定运转，增强企业竞争力。在风险防控过程中，应注意以下三方面问题。

（1）采取紧急措施，防止风险事件扩大。突发事件对企业的影响可能是灾难性的，因此采取紧急措施防止风险事件扩大是至关重要的。首先，应当建立和完善应急预案，规定应对紧急事件的流程和措施，以便迅速响应突发事件。其次，应当调整组织结构和人员分工，指定责任人员，并根据职责定义权责范围和工作流程。此外，还需提供风险对应的信息化手段和资源保障。

（2）加强企业内外部风险防范意识。企业需要及时加强风险防范意识，不断开展风险防范整改工作，注重成本合理性、管理合规性以有效控制和应对风险，将风险所造成的损失控制在一定范围内，进而维护企业经济效益。此外，供应链作为企业的外部环境，承担了企业外部资源开发、采购、生产和销售等核心环节，同样也存在着一定的风险，包括质量问题、交付延迟、价格波动等。因此，企业必须及时关注供应链上下游可能存在的风险，限制和减少其对企业的影响。另一方面，除了加强企业内部风险防范意外，还应当对企业外部环境进行监管和评估，并采取合适的管理方式和技术手段，避免外部风险对企业经营产生严重影响。

（3）对风险防控措施进行评估、监控和记录。风险防控措施可以帮助企业避免或降低风险的发生，因此企业必须对其实施后的有效性、可行性和实用性进行评估、监控和记录。具体而言，企业可以通过建立和完善内部风险评估机制、安全和防范体系等措施，及时评估和确定风险防控措施的有效性和可操作性。与此同时，企业应该建立监控防控机制，定期审查和检查制定的风险防控措施，并记录与反馈。

总之，风险识别、风险评估和风险防控相互之间密切相关。要保证供应链风险管理的有效性，企业应该建立全面的风险管理系统，不断优化完善，提高管理效率和效果。

第三节　供应链风险防控

风险防控是风险管理的一个组成部分，风险防控主要是针对特定风险采取的预防和控制措施，旨在减少风险发生的可能性或减轻风险造成的影响。供应链风险防控可以理解为一种全面的、预防为主、反应快速并兼顾动态调整的防控体系，通过对各种不确定因素进行识别、评估、控制和预防以有效降低供应链风险，提高运营效率、运营合规性和竞争力。

一、供应链风险防控的内涵与目标

（一）供应链风险防控的内涵

供应链风险防控是一种全面的管理方式，不仅关注企业内部的风险控制，更重视与外部合作伙伴之间的风险协同。这种协同不仅包括信息共享、流程对接，更在于建立一种共同应对风险的机制，实现供应链整体的安全与稳定。

供应链风险防控强调预防为主。在供应链运行过程中，各种不确定性因素可能会导致违法违规等风险。通过提前识别和评估这些风险，并采取相应的预防措施，可以大大降低风险发生的概率和影响程度。

供应链风险防控要求建立快速反应机制。即使有了充分的预防措施，风险也不可避免地会发生。因此，当风险事件发生时，企业需要迅速启动应急预案，采取有效应对策略（详见二维码），以最大限度地减少损失。

供应链风险防控是动态的。随着企业内外部环境的变化，供应链风险的特点也会随之改变。因此，企业需要不断地对供应链进行风险评估和调整，确保防控措施始终与实际需求相匹配。

（二）供应链风险防控的目标

供应链风险防控的目标是在保证企业正常运营的前提下，通过一系列的策略、技术和流程，对供应链中的各种风险进行有效的管理和控制，以降低风险对企业和供应链的影响。具体来说，供应链风险防控的目标包括以下五方面。

（1）保障供应链的稳定性。通过有效的风险防控措施，降低供应链中断的可能性，保证供应链的稳定运行，从而确保企业的正常生产和经营。

（2）提高供应链的可靠性。通过加强供应商管理、库存管理等方面的风险防控，提高供应链的可靠性，确保企业能够及时获得所需的物资和资源，避免因供应链问题导致生产延误或成本增加。

（3）降低供应链成本。通过合理的风险防控措施，降低企业因供应链风险而产生的额外成本。同时，通过优化供应链管理，降低库存成本和运输成本等。

（4）提升企业竞争力。有效的供应链风险防控能够提高企业的竞争力。稳定、可靠、低成本的供应链能够为企业带来更多的商业机会和竞争优势。

（5）保障供应链合规性与可持续性。供应链合规风险防控可以及时发现和控制可能违反法律法规、社会责任和行业准则的行为。强调积极履行社会责任和合规要求，有助于企业提升声誉，保障企业的可持续发展。

二、供应链风险防控的基本原则

为全面实现企业供应链全周期管理、全过程服务保障、全方位风险防控和全要素效能管控目标，企业供应链风险管理应遵循以下原则。

（一）全面性原则

供应链风险防控需要从供应链整体角度出发，全面、系统地考虑各个环节的风险，以及各环节之间的相互影响。这要求对供应链进行全面的风险评估，覆盖各业务领域、各部门、各级子企业和分支机构、全体员工，贯穿决策、执行、监督全流程，并制定相应的防控策略。

（二）成本效益原则

在实施供应链风险防控时，需要综合考虑风险防控的成本与效益。在确保风险得到有效控制的前提下，应尽可能降低防控成本。如优化流程管理、维护与供应商关系、保持合理库存等。同时对风险进行充分评估，识别出关键风险点，并采取针对性的防控措施。

（三）动态性原则

供应链风险防控的动态性原则强调风险防控策略应随着供应链内外部环境的变化而调整。由于市场波动、技术更新和政策变化等因素，供应链风险状况不断演变。因此，企业需要持续监测供应链运行状态，及时识别新的风险点，并更新风险防控措施，以保持供应链的稳定和高效运作。

（四）合规性原则

合规性原则是指企业或个人在经营活动中遵守相关法律法规、行业标准和道德规范的原则。这包括但不限于财务报告的准确性、信息披露的透明度、数据隐私保护、反腐败合规等方面。供应链风险防控的合规性原则强调风险管控措施是否有效，是否符合相关法律法规和行业要求，及时发现和解决存在的合规风险，保障企业的合法合规运营。

三、供应链风险防控的主要内容

供应链风险防控主要包含风控体系建设、风控措施和风控资源配置。在实施风险防控时，应注重风控体系的建设和完善，制定科学的风险控制措施，并提供有效的风控资源，确保风控体系有效运行，提高供应链风险防控水平。

（一）风控体系建设

风控体系建设是供应链风险防控的基础，涉及建立一个系统性的框架和流程，用于识别、评估和防控供应链风险，从而确保企业的稳定和可持续发展。风控体系建设通过制定和执行一系列的策略、流程和措施，包括组织架构、政策制度、实施路径方面的内容，将风险控制在可接受范围内，确保企业具备高效的风控能力。完善的风控体系应包括以下三方面。

（1）组织体系建设。供应链风险防控组织体系需要建立完善的组织架构，包括领导机构、管理机构和执行机构，明确各层级相关岗位角色在供应链风险防控中的职责，确保风险防控体系中各岗位职责清晰。尤其要选拔具备专业知识和经验的风险管理人才，培养专业的风险管理团队，提高其风险识别、评估和管控能力。加强供应链风险团队培训和交流，提高团队成员的风险识别、评估和控制能力。

（2）制度体系建设。通过制定和完善供应链风险防控制度体系，规范业务流程，确保各环节的规范操作和信息流通，加强供应链合规检查，确保供应链风险防控制度的有效执行，明确供应链风险识别、评估和防控的程序和方法，确保各项工作有章可循。同时，建立供应链风险防控激励机制和追责考核体系，鼓励全员积极参与风险管理活动。

（3）实施路径建设。根据企业供应链风险防控的建设思路和目标，确定供应链风险防控的工作机制和实施路径。工作机制涉及供应链风险事前、事中和事后的处理流程。实施路径主要包含一系列可行的供应链风险防控举措：技术上，采用先进的风险管理工具和技术手段，如风险评估模型、风险监测系统等，提高风险防控的效率和准确性；业务流程上，包括计划、采购、合同管理、仓储等环节供应链风险的信息收集、报告、分析、处置和反馈，确保风险信息能够及时、准确地上报和处理。

（二）风控措施

风控措施是根据风险评估结果制定的具体应对策略和措施。组织防控、技术防控、业务防控和监督防控是风控体系中的四个重要组成部分，它们相互关联、相互支撑，共同构成了完整的风控体系，将供应链风险控制在可接受的范围内。

（1）组织防控：主要涉及风险管理组织的建立和职责分工。组织防控的目标是建立一个高效、协调一致的风险管理团队，以确保风控体系的有效运行。组织防控的主要任务包括建立风险管理组织架构，制定风险管理政策和流程，培训和培养风险管理人才，促进跨部门协同合作，建立健全的风险管理文化。

（2）技术防控：通过运用技术手段来预防、发现和应对风险，以提高企业的稳定性和可持续发展能力。技术防控的主要应用包括风险预警、数据分析与挖掘、信息系统安全、自动化控制、云计算与大数据等。技术防控具有实时性、准确性和高效性等优势，能够为企业提供全方位的风险管理支持。

（3）业务防控：风控体系的核心，主要涉及业务流程的风险管理。业务防控的主要内容和措施包括：风险识别与评估、风险监控与预警、风险应对策略、内部控制与规范、风险管理文化、风险数据管理、监督与审计。业务防控的目的是确保业务流程的稳定性和安全性，降低潜在风险对企业的影响。

（4）监督防控：风控体系的重要保障，主要涉及对风控体系运行情况的监督和评价。监督防控的目的是确保风控体系的有效性、合规性和持续性，及时发现和纠正体系运行中的问题，并持续改进和完善风控体系。

（三）风控资源配置

风控资源配置是指为确保风控体系的有效运行而进行的资源分配和管理。这些资源可能包括人力、财力、物力等方面的投入，用于支持风控体系的建设和运行。合理配置风控资源是提高风险管理效率的关键，能够确保风控措施得到充分实施。在进行风控资源配置时，应考虑以下五方面。

（1）人员配置：应明确风险管理团队的人员构成和职责分工，确保有足够的专业人员从事风险管理工作。同时，应注重提高人员的素质和能力，通过培训和进修等方式，增强其风险管理意识和技能。

（2）财务预算：应制定合理的风险管理预算，确保有足够的资金用于风控体系的建立和运行。预算应包括软硬件投入、人员薪酬、培训费用等方面的支出，并根据实际情况进行调整和优化。

（3）技术资源：应充分利用先进的技术手段进行风险识别、评估、监控和应对。例如，利用大数据分析、人工智能等技术工具，提高风险管理的效率和准确性。同时，应注重技术资源的更新和维护，确保其始终处于行业前沿。

（4）信息资源：应建立完善的风险管理信息体系，收集、整理、分析和报告各类风险信息。这些信息可能来自企业内部或外部，应通过建立信息共享机制，确保各部门能够及时获取所需的风险信息。

（5）时间资源：风险管理是一个长期的过程，需要持续投入时间和精力进行风控体系的建立和完善，应合理安排时间资源，制订风险管理计划和时间表，确保各项风控工作能够按计划进行并取得预期成果。

第二章

国家电网公司供应链风险识别

供应链风险识别是指在供应链运作过程中，通过对供应链内部和外部环境进行分析，确定可能对供应链目标实现产生影响的各种潜在风险的过程。这是有效开展供应链风险管理的关键环节，包括对供应链中各个环节可能存在的风险进行识别和评估，以便采取相应的措施来进行供应链风险防控。本章围绕供应链风险识别，阐述国家电网有限公司（简称国家电网公司）供应链风险识别的原则、因素、方法和流程，以及供应链风险分类方法。同时，还介绍了按供应链专业分类的国家电网公司供应链典型风险。

第一节　供应链风险识别概述

风险识别是风险管理的基础，也是有效开展供应链风险管理的关键。供应链风险识别是对供应链各环节参与主体及其环境进行评估，找出潜在风险因素，并确定风险源的过程。只有深入了解每个环节的供应链风险因素，才能更好地进行风险防控，从而确保供应链的高效运作，并实现有效的供应链风险管理。

一、供应链风险识别的原则

国家电网公司供应链风险识别遵循全面性、系统性、相关性和动态性原则。

（一）全面性原则

在风险识别中需要遵循全面性原则，是指从整个供应链的角度出发，涵盖供应链的各个环节和所有参与主体，包括供应商、回收商、承包商、业主单位等，确保对所有潜在风险进行全面覆盖和考虑，以制定准确有效的风险控制措施，避免遗漏风险因素，确保供应链的安全稳定运行。

（二）系统性原则

针对供应链的广泛性和连锁性，对风险点进行分析时，不能单独分析预测，而是将供应链看作一个有机的整体，建立系统性的流程，明确风险的识别步骤、方法、时间要求等，确保所有的风险都能被全面、准确、及时地识别出来。

（三）相关性原则

在供应链风险识别中需要关注供应链中各个因素之间的相互关系，包括业主单位、供应商、分承包商、需求单位之间的关系等，以发现潜在的风险，并采取相应的措施进行防范。遵循相关性原则有助于公司建立完善的风险防范体系，为供应链的稳定和安全提供有力保障。

（四）动态性原则

为了有效应对供应链风险，需要密切关注供应链环境的变化，包括政策法规的调整、市场环境的变化及技术创新的趋势等。同时，不断地调整和优化供应链风险的识别方法和策略，以确保及时发现和处理潜在风险，从而保障公司的正常运营和稳定发展。

二、供应链风险识别的因素

供应链风险识别需从外部风险识别因素和内部风险识别因素两个方面综合分析。

（一）外部风险识别因素

供应链外部风险识别因素是指供应链经营过程中影响和制约外部环境风险变化的因素，包括但不限于政治风险、法律风险、环境风险等因素。

（1）政治风险因素是指由于全球政治环境的多变和不稳定，包括国家战争、社会冲突、革命或内乱、恐怖事件等，可能对供应链造成冲击，进而影响供应稳定性。

（2）法律风险因素指供应链面临的法律环境变化可能引发的风险，可能涉及供应商选择、合同履行等方面，从而影响供应链管理的合规性。

（3）环境风险因素是指自然环境变化导致的突发性和不可控事件，可能对供应链的正常运营产生严重影响。

（二）内部风险识别因素

供应链内部风险识别因素主要产生于供应链各环节之间的相互依赖性和复杂性，包括但不限于管理风险、合作风险、物流风险、信息风险等因素。

（1）管理风险因素是指供应链的运作涉及多个环节和多方利益，如果管理不善或决策失误，可能导致供应链中断或效率下降。

（2）合作风险因素是指由于供应链内部不协调引发的信任缺失、利益冲突等问题，导致合作破裂或行为不端，从而影响整个供应链的效率和稳定性。

（3）物流风险因素是指在供应链管理过程中可能面临的运输延迟、物流中断和成本上升等风险，影响产品交付和成本控制。

（4）信息风险因素是指因信息系统安全漏洞导致的信息泄露、篡改或损坏，威胁供应链正常运转的风险。此外，信息传递延误或错误也可能影响供应链效率和稳定性。

三、供应链风险识别的方法流程

（一）供应链风险识别的主要方法

常见的供应链风险识别方法主要有故障树分析法、鱼骨图法、情景分析法、流程分析图法、历史事件分析法和财务报表法等（详见二维码）。国家电网公司借鉴了历史事件分析法、流程分析图法、鱼骨图法的优点，并结合公司的物资监督管理实践，形成了供应链风险识别流程法。这种方法的目标是系统地梳理和分析公司供应链的流程和风险点，同时利用历史风险事件数据来识别和评估潜在风险，从而为供应链风险防控提供有力的支持。

供应链风险识别流程法包括两个主要步骤：①梳理供应链运营过程、确定风险点并绘制流程图；②收集历史数据进行深入分析，建立风险数据库并审核风险点。首先，我们需要梳理供应链的全过程，挖掘可能存在的潜在风险，并将这些风险点通过流程图进行可视化，以便直观地观测各业务环节的风险。其次，对供应链的历史风险事件进行深入剖析，建立风险知识库，识别并评估潜在的风险点，并根据历史数据预测其发生的可能性和潜在影响程度。该方法的优势在于其系统性和直观性，能够帮助公司全面了解自身的运营状况，发现潜在的风险点，建立风险知识库和指标库，提前制定针对性的防控措施并为数智化监督创造先决条件。

（二）公司供应链风险识别的主要流程

国家电网公司供应链风险识别包括绘制供应链运营流程图、历史风险事件分析、风险点识别和审核、风险评估等过程，如图2-1所示。

1. 绘制供应链运营流程图

（1）分解供应链运营过程：将公司供应链运营过程分解为各个业务环节，标注每个环节所面临的不确定情况和潜在问题。

（2）确定风险点：在流程图中标注出可能存在的风险点，为后续的风险识别和评估提供依据。

（3）制作流程图：使用专业的绘图工具，将上述内容整合成一份详细的供应链运营流程图。

（4）审核流程图：邀请相关人员对流程图进行审核，确保其准确性和完整性。

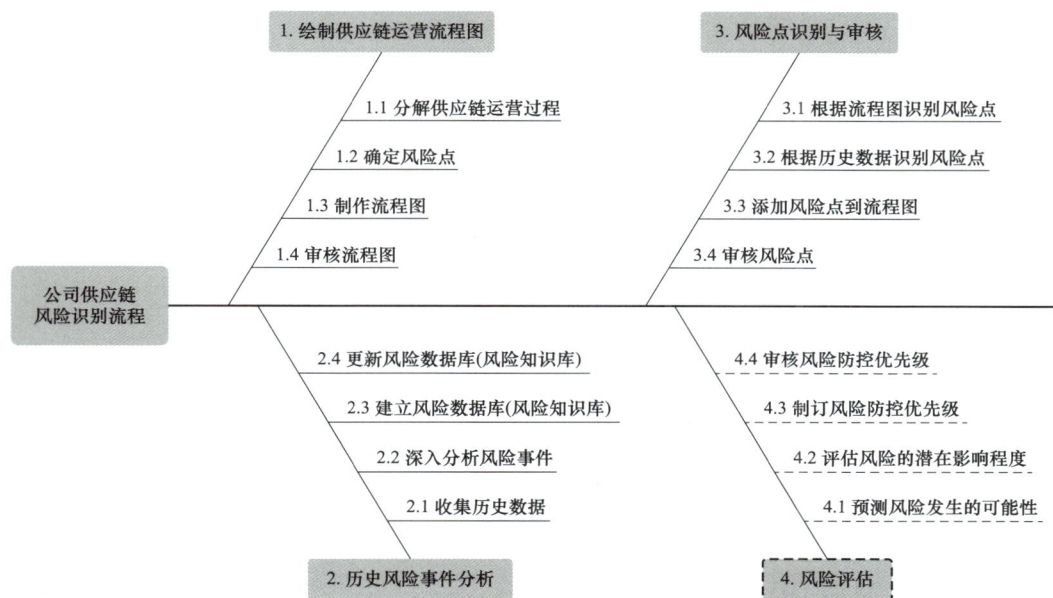

图 2-1 公司供应链风险识别流程

2. 历史风险事件分析

（1）收集历史数据：收集历年巡视巡查、专项检查等监督工作发现的问题，形成风险知识库和风险指标库。

（2）深入分析风险事件：对风险事件进行深入分析，识别导致事件发生的风险因素，并总结风险发生的规律和趋势。

（3）建立风险数据库（风险知识库）：将分析结果整理成数据库，方便后续的风险识别和评估。

（4）更新风险数据库（风险知识库）：定期更新风险数据库，确保其内容的时效性和准确性。

3. 风险点识别与审核

（1）根据流程图识别风险点：结合供应链运营流程图，系统地识别国家电网公司供应链中存在的潜在风险点。

（2）根据历史数据识别风险点：结合历史风险事件分析结果，识别出可能再次发生的风险点。

（3）添加风险点到流程图：将识别出的风险点添加到流程分析图中的相应业务环节上。

（4）审核风险点：邀请相关人员对识别出的风险点进行审核，确保其准确性和完整性。

4. 风险评估

（1）预测风险发生的可能性：根据识别出的风险点，预测其发生的可能性。

（2）评估风险的潜在影响程度：根据识别出的风险点，评估其潜在影响程度。

（3）制定风险防控优先级：根据评估结果，制定相应的风险防控优先级，为后续的风险管理提供依据。

（4）审核风险管理优先级：邀请相关人员对制定的风险防控优先级进行审核，确保其合理性和有效性。

第二节　供应链风险分类

构成供应链风险的要素纷繁复杂，其形成的环境、流程节点各不相同，即使同一风险，公司对该风险的感知度或该风险对公司的影响度也有所区别。同时，供应链上的各环节紧密相连、相互依赖、相互影响，其中任何一个环节出现问题，都会给供应链带来风险，影响供应链的正常运作。因此，需要对供应链风险进行分类，做好供应链风险管理，对供应链风险有更加清晰的认知，才能制定出更具针对性的防控策略，有助于指导后续的管控工作。

一、按照供应链风险来源划分

（一）外部风险

供应链外部风险是指由外部的政治、经济、自然、技术等因素导致的风险。这些风险因素包括自然灾害、货币汇率、通货膨胀率、利率调整、市场需求波动、供应商破产、新技术创新的威胁等。外部风险主要概括为环境风险、舆情风险和技术创新风险。

1. 环境风险

环境风险是指由公司经营的外部环境因素所产生的风险，这些外部环境因素包括自然、国内外经济政策、法律等因素，主要概括为自然环境风险、政治经济环境风险和法律环境风险。

（1）自然环境风险：由于突发的自然灾害（如地震、洪水、台风、暴雨、干旱、森林火灾等）导致物资损失和运输中断等风险。

（2）政治经济环境风险：由于国家政策的变化或调整（如货币政策、财政政策、产业政策等）以及市场需求波动等因素导致的供应链风险。

（3）法律环境风险：由于法律法规的变化（如贸易壁垒、知识产权保护等）以及监管政策的不确定性对供应链正常运作造成的影响。

2. 技术创新风险

技术创新风险指的是在供应链管理过程中，由于技术创新的复杂性和不确定性，导致技术创新未能达到预期目标，甚至可能导致技术创新失败的风险。作为一家大型国有企业，国家电网公司的供应链管理涉及多个环节和业务领域，需要进行大量的技术创新。然而，供应链技术创新通常需要对现有供应链进行较大幅度的调整和优化，这可能引发一系列连锁反应，例如供应商调整、物流优化和库存管理方式的改变等。如果技术创新方案未充分考虑对现有供应链的影响，可能导致供应链的不稳定甚至中断。此外，技术创新方案的实施通常需要较高的技术水平和资金投入，并且充满不确定性。这些挑战可能导致技术创新方案的实施进度受阻或成本超支，从而增加风险。

3. 舆情风险

舆情风险是指在物资采购过程中，可能出现的来自社会或者网络的负面信息、虚假信息、谣言等，这些信息通过发酵可能引发舆情危机，进而对公司的社会声誉和形象造成负面影响的不确定性。

舆情风险的产生原因主要包括信息不对称、媒体炒作、公众情绪等因素。在供应链中，舆情风险可能因产品质量问题、环境污染问题等引起公众关注，进而对供应链的稳定性和企业的社会形象造成影响。其主要表现形式为供应商或其他人利用新闻、微博、微信等网络渠道，对招标采购相关工作进行宣传、评论并表明态度倾向性，引发其他网民的关注、评论和转发，形成网络舆情。由于每个人都可以成为网络信息的发布者、评论者和传播者，缺乏理性、情绪化的网络言论或可出现，这些言论在众人响应下可能发展成为有害的舆论并迅速传播，形成强大的意见声势。

（二）内部风险

内部风险是指公司在供应链运营过程中因内部因素引发的风险，主要表现形式有管理风险和廉洁风险。

1. 管理风险

管理风险是指在管理过程中因信息不对称、管理不善、判断失误等因素导致的管理水平和管理效果的不确定性。管理风险的来源包括对供应链节点的管理不足、信息不对称、流程效率不高以及员工管理的疏忽等。管理风险表现形式为：①违反国家电网公司职责、制度、流程、标准、考核"五位一体"协同机制要求；②制度不完善、流程不顺畅、职责执行不到位等情况；③未将制度、标准、职责、风控、考核等要素全部融入流程相应环节；④各管理要素随流程的有效运转难以融入日常业务；⑤各类资源无法自动匹配到岗、到人；⑥未能实现权、责、利一体化配置；⑦违反法律法规而导致法律制裁、罚款以及对企业声誉和长期发展造成的负面影响。这些风险容易导致例如供应商原材料质量不稳定、沟通不畅和跨文化沟通上的差异等，对产品质量和生产效率产生负面影响。

2. 廉洁风险

廉洁风险是指物资从业人员在采购过程中或日常生活中，因拥有采购管理权力而可能产生谋求私利等行为的可能性。廉洁风险的来源包括内部人员廉洁意识淡薄、缺乏对供应链节点的监管等。廉洁风险主要表现形式为：①不履行或未充分履行惩防体系建设中的"一岗双责"要求；②违反廉洁自律相关规定；③违反民主集中制，独断专行或软弱放任；④利用职务之便谋求私利；⑤失职渎职、不作为或滥用职权等。此外，物资从业人员的廉洁风险主要表现在利用职务之便为供应商谋求不正当利益，并从中获取利益。这些问题可能导致企业面临财务风险、声誉风险、自然灾害风险、地缘政治风险和网络风险等，从而损害企业的社会形象和经济利益。

二、按照供应链管理目标划分

（一）合规风险

合规风险是指公司因未能够遵循法律、法规和准则而可能遭受包括法律制裁、监管处罚、重大财务损失和声誉损失的风险。以采购风险为例，合规风险主要表现为：①在招标阶段，招标人在招标公告、招标文件中设定倾向性或限制性条款，侵害潜在投标人的合法利益；②投标人之间可能发生串通投标、低价抢标后提高报价等行为，给招标人或其他投标人造成重大损失；③在评标过程中，违反法律法规要求或招标文件明确的程序公开、过程公正、机会公平等相关规定，导致招标过程失败或中标结果无效；④在定标过程中，未按照规定要求进行定标或未按照定标结果签署招标采购合同。

（二）质量风险

质量风险是指由于供应商质量控制不足、生产过程中出现质量问题、运输过程中货物损坏等原因引起的质量风险。质量风险主要表现为：①供应商生产过程中可能出现原材料不合格、生产工艺不规范等问题导致货物的质量问题或在货物使用过程中出现故障或安全问题；②货物在运输过程中可能因保护措施不足而损坏。这些风险可能导致退货、换货、维修等售后服务，使得成本增加，甚至可能影响公司的品牌形象和市场地位。

（三）效率风险

效率风险是指由于物资业务管理不到位而对公司的经营管理和项目建设的质量、进度等目标带来的不确定性。效率风险主要表现为：在保障电网建设和公司运营的物资供应过程中，由于物资计划申报不及时、采购方式选择不合理、供应工作协调不到位，导致物资不能及时采购和供应，从而影响到工程项目建设进度，降低项目的整体运作效率。

（四）效益风险

效益风险是指可能导致供应链效益降低的风险。这类风险通常与成本、交付和响应时间等因素相关。效益风险主要表现为：由于供应商价格上涨、物流成本增加、需求波动等因素导致公司效益降低。这些风险可能使公司增加成本、降低利润，并影响公司的竞争力和市场地位。

三、按照供应链业务划分

国家电网公司作为大型企业，在供应链运营各专业都面临着多种风险。按照供应链业务划分，包括但不限于计划、采购、合同、仓储配送、质量监督、供应商关系、应急物资、废旧物资、评标专家管理、供应链运营等专业风险。

（1）计划专业的风险主要在于合规性，在公司的规划和计划执行过程中，存在违反相关法律法规、行业准则、公司制度等要求的风险。

（2）采购专业风险是指由于违规采购，采购内容、采购方式或采购流程等不合规导致公司采购成本增加、采购效率降低或采购安全无保障等风险。

（3）合同管理专业风险是指由于合同签订不规范、合同执行不及时、供应商违约等问题给公司带来的相关风险。

（4）仓储配送专业风险是指由于自然灾害、人为因素、设备故障等因素造成的物资损坏、丢失或被盗，以及配送过程中因信息不透明、运输管控不足、配送效率低下等问题产生的各类风险。

（5）质量监督专业风险是指由于检测标准、人员专业水平、检测设备、检验流程等因素，导致产品或服务的质量不符合要求，从而给公司带来损失的风险。

（6）供应商关系管理专业风险是指公司在与供应商的合作过程中，由于供应商的供货能力、供货质量、供货价格等因素，导致企业的生产或运营受到影响的风险。

（7）应急物资管理专业风险是指公司在应对突发事件或紧急情况时，由于应急物资的储备、调度、使用等因素，导致应急处置不当或应急物资不足的风险。

（8）废旧物资管理专业风险是指企业在处理废旧物资的过程中，由于废旧物资的分类、处理方式、处理成本等因素，导致处理不当或处理成本过高的风险。

（9）评标专家管理专业风险是指在评标专家管理过程中，由于评标专家专业能力不足、职业道德问题、管理不善等因素导致的风险。

（10）供应链运营专业风险是指由于日常运营分析不足、风险监控预警不到位、数据应用不充分等因素，影响整个供应链运营的效能和合规性的风险。

第三节　供应链典型风险

由于各种内外部因素影响，国家电网公司的供应链面临着诸多风险。这些风险在供应链的计划、采购、合同、仓储配送、质量监督、供应商关系、应急物资、废旧物资、评标专家管理以及供应链运营等业务工作中普遍存在。本节将从公司供应链的主要业务角度对典型风险进行分析，以帮助读者更好地理解这些风险的来源、表现形式和影响，从而有助于制定有效的应对策略。

一、计划管理典型风险

计划管理风险是指在制定和执行采购需求计划过程中可能面临的不确定性和潜在问题。典型风险包括需求计划申报不准确带来的采购效率风险、需求计划编制中的数据完整性风险以及采购需求计划的执行策略风险。为了降低这些风险，公司需要加强项目人员对设备、材料的技术参数的了解，确保数据完整，并建立明确的规则和流程来指导采购活动。

（一）需求计划申报不准确带来的采购效率风险

在制订批次需求计划时，由于项目计划和工程进度的变动较大，或项目深度不够，容易出现项目人员申报不全面、临时性项目多的问题。这会导致公司无法准确预测工程及物资批次需求，物资供应不及时或协议无法按期履行的情况。此外，由于计划填报人员对设备、材料的技术参数不熟悉，部分物资没有采购标准和技术文件范本，提出的计划或技术要求与实际需求不符，造成批次需求计划申报不准确。采购后的物资并不是需求部门所需物资的情况也会发生，不仅影响采购效率，还会影响物资需求计划交货期的合理性和需求物资数量的准确性，出现长时间代保管物资和工程结余物资，造成资源浪费、不必要的库存增加、影响库存周转速度与工期，导致工程延期。

（二）需求计划编制中的数据完整性风险

在编制年度需求计划时，由于综合计划和财务预算项目深度不足，可能会面临数据完整性风险。这种风险主要体现在项目人员申报不全面，导致年度物资需求计划的编制依据不充分、数据不完整。这种情况会给总部制定年度采购策略带来不准确的依据，进而影响年度协议库存计划申报的准确性。为降低数据完整性风险，在制订年度需求计划时应加强综合计划和财务预算项目的深度，确保项目人员能够全面申报相关需求信息，从而保证年度物资需求计划的编制依据充分、数据完整，为公司制定准确的年度采购策略提供有力支持。

（三）采购计划的执行策略风险

采购计划执行策略风险是指在执行采购计划时可能面临的不确定性和潜在问题。为了确保供应链的稳定性和效率，采购计划的执行程度需要根据组织的需求和采购策略确定。在某些情况下，采购计划可能需要严格执行，以确保供应链的稳定性和效率。然而，无论采购计划的执行程度是刚性还是灵活，都需要明确的规则和流程来指导采购活动。具体包括明确的采购授权和审批程序，供应商选择和合同管理的规定，以及对采购执行情况进行监控和反馈的机制。

二、采购管理典型风险

采购管理典型风险是指在采购过程中可能遇到的一系列法律、舆情、效率、合规风险等，包括采购方式管理、招标前期准备、招标实施阶段、定标及后续工作和采购档案管理等方面的风险。这些风险可能导致资源浪费、法律纠纷、效率低下以及潜在的廉洁风险等。为了降低这些风险，需要加强内部管理，确保采购过程的公平、透明和有效。

（一）采购方式管理中的决策风险

采购方式管理中的决策风险主要有：采购人在未经授权或超过其权限范围的情况下进行采购活动，违反"三重一大"（重大问题决策、重要干部任免、重大项目投资决策、大额资金使用）决策程序和有关法律法规，可能导致资源浪费、合规风险和潜在的廉洁问题。在采购决策方面发生应招未招、规避招标、虚假招标、擅自改变招标方式等造成的法律风险。非必须招标的采购项目（大修技改、零星工程）采用了招标采购方式造成的效率风险。采购预期效率低下，对集中招标采购供应商缺乏市场吸引力，潜在投标人数量不足而造成招标采购失败风险。

（二）招标实施阶段的客观性风险

招标实施阶段的客观性风险主要有：招标文件中设置歧视投标人的技术条件或以其他不合理的条件限制或排斥潜在投标人，造成投标人不能公平参与投标，利益相关人员在媒体上散布不当言论，造成不良社会影响。依法必须招标的项目不按规定组建评标委员会或评标委员会组成不符合法律法规规定。未在指定媒体发布招标公告或者在不同媒体发布同一招标项目的招标公告内容不一致。招标文件的发售、澄清、修改时限以及投标文件的提交期限违反有关法律法规的规定。废标不客观公正，没有严格遵照招标文件的废标条款进行废标。未及时发现并制止招标代理机构超标准收取代理服务费等违规行为。评标专家库专业分布不均匀，与投标人有利害关系的人进入相关项目的评标委员会。个别人为谋取不正当利益，透露评标专家名单以及招标文件公开信息以外的其他保密信息，造成个别专家参与评标过于频繁，成为投标人的公关对象。评标过程中，评标专家为给本人或利害关系人谋取利益，未按招标文件规定的评标标准和方法进行评标，发表不当或有倾向性的意见，或相关人员影响评标专家打分，导致评标结果不公正。招标实施阶段存在的风险，一旦在评审工作中出现组织不当、招标采购敏感信息泄露，可能引发社会关注，酿成舆论炒作风险。

（三）定标及后续工作中的一致性风险

定标及后续工作中的一致性风险主要有：招标人在评标委员会依法推荐的中标候选人之外确定中标人。确定中标人前，招标人违规和投标人就实质性内容进行谈判，造成合同签订内容与采购文件约定不一致。未及时发现并制止招标代理机构未按规定退还投标保证金和同期银行利息的行为，造成公司承担相关法律风险。招评标结果不公正、违反常规标准，引起投标人的质疑或投诉，影响公司社会形象，引发舆情风险。

（四）采购档案管理中的合规性风险

采购档案管理中的合规性风险主要有：采购档案管理在确保采购活动的合规性方面扮演着重要角色。若归档制度缺失或执行不力，可能导致采购信息记录不全、关键文件遗失、数据篡改等现象，严重影响采购活动的合规证明与追溯。此外，未经规范化的档案管理易引发信息泄露，触犯数据保护法规。混乱的档案系统可能导致审计受阻，影响公正评估，或在纠纷发生时无法快速、准确出示必要证据，增加企业经济和法律风险。

三、合同管理典型风险

合同管理风险是合同履行过程中面临的主要挑战之一。它存在于合同签署、履行、合同变更和违约纠纷处理等多个阶段。这些风险可能导致公司利益受损，影响公司声誉。为了防范这些风险，需要建立完善的合同管理体系和风险应对机制。

（一）合同文本的规范性风险

合同文本的规范性是合同签署合规性的关键审查内容之一。合同文本不规范可能导致合同条款不统一、法律风险增加、管理难度加大以及潜在利益冲突等问题。为了降低这些风险，公司采用统一的合同模板进行合同管理，以确保合同的规范性和统一性，提高合同执行效率，减少法律风险和利益冲突，从而提升公司的整体竞争力。同时，在使用统一模板进行合同管理的过程中，公司应加强合同的审查和管理，确保合同的合法合规，以避免不必要的法律纠纷。

（二）合同签署的及时性风险

在采购活动中，及时签订合同是非常重要的合规要求之一。通过依法依规及时签订合同，可以确保采购活动的合规性、透明度和稳定性，从而保障采购双方的权益和利益。中标通知书发布后 30 日之内无法签订合同，将导致中标结果的依法有效性受到质疑。

（三）合同履约的执行策略风险

在合同履行阶段，存在多种可能影响合同顺利执行的风险。首先，对供应商生产过程和计划执行情况的跟踪不足可能导致供货计划与实际需求脱节。其次，授标上限的设置需科学合理，以避免超出现有产能，进而影响供货时间。最后，合同双方应严格遵守合同条款，确保依法合规，避免纠纷和风险。在履约过程中，双方应保持紧密沟通与协作，及时解决可能出现的问题，并建立健全的合同履约管理机制，以确保合同的有效执行。

（四）合同变更过程的合规性风险

由于工程需求的变化，可能导致数量的增加或减少幅度超出双方约定范围，从而引发招标结果的实质性变更。这种情况给合同变更带来相应的法律风险。合同变更是指在合同签订后，双方协商一致对合同条款进行修改或调整的行为。为了确保合规性，合同变更必须符合法律法规和合同约定的规定。在变更过程中，应保持透明、公正，并确保合同双方的合法权益得到保护和平衡。在变更合同时应严格按照公司合同承办管理办法执行，以确保合规性和风险控制。

（五）合同履约过程中的违约风险

在合同履行过程中，供应商的报价失误或市场行情的重大变化可能导致合同违约风险。同时，供应商在实际生产中以次充好、质量不合格等行为也可能构成实质性违约，从而损害公司利益。为降低这些风险，合同管理人员需及时将合同争议情况报送法律部门，并按照公司的管理办法处理和解决。此外，合同管理人员应积极行使合同约定的权利，确保公司利益不受损害，提升管理成效。

四、仓储配送管理典型风险

仓储配送管理是供应链运营的关键环节，但同时存在多种风险。物资仓储管理中，由于人为因素、设备故障等因素，可能导致物资损坏、丢失或被盗。物资配送管理中，信息不透明、运输管控不足、配送效率低下等问题会影响供应链正常运营。物资调配管理中，调配平台系统未全面应用和制度执行不力也是需要关注的风险点。

（一）物资仓储管理不规范带来的风险

物资仓储管理涉及多个环节，包括物资的入库、保管、出库等。在仓储管理过程中，由于人为因素、设备故障、自然灾害等因素，可能导致物资损坏、丢失或被盗，从而给公司带来经济损失和信誉损失。此外，仓储管理还可能面临以下风险：

（1）仓库安全风险：仓库安全管理计划和安全隐患处置整改机制的缺失，可能导致仓库存在安全隐患，如仓库货架倒塌、火灾、盗窃等。

（2）物资保管风险：在物资保管过程中，由于保养不当、管理不善等原因，可能导致物资损坏、变质或失效。

（3）法律法规风险：仓储管理需要遵守国家相关法律法规和标准，如消防法、环境保护法等。如果违反相关法律法规，公司可能会面临罚款、赔偿等法律责任。

（二）库存账卡物不一致风险

库存账卡物不符风险是指库存管理中账目、卡片和实物不一致所导致的风险。这种风险可能导致库存数据不准确、增加库存成本和降低运营效率。为了降低库存账卡物不符风险，应该建立完善的库存管理制度，定期进行盘点和检查，确保账目、卡片和实物的一致性。同时，加强员工培训和管理，提高员工的库存管理意识和技能水平，确保库存数据的准确性和及时性。

（三）物资配送管理带来的效率风险

物资配送管理是确保生产和运营顺利进行的关键环节。物资配送管理面临着多种风险，这些风险可能会对运营产生负面影响，主要风险包括：

（1）运输信息不透明：在进行物资配送时，配送管理人员对供应商重要设备的运输情况不了解，未能掌握设备发货、到站的关键节点情况。这种情况可能导致物资无法按计划准时到达目的地，影响整个项目的时间安排和进度。

（2）运输管控措施不足：由于缺乏完善的运输管控措施，配送过程中可能无法及时应对突发事件，如运输延误、设备损坏等。

（3）配送效率低下：由于不合理的配送形式，如返程或启程空驶、对流运输、迂回运输、重复运输、运力选择不当等，可能导致配送效率大大降低，配送成本大幅上升。

五、质量监督管理典型风险

质量监督管理是供应链运营中的关键环节，实际操作中存在多种风险。如设备监造中的资质与人员配备风险、责任心不强与执行不力等；质量抽检中的抽检方式不合理、检测不及时等；质量问题处理中的处理不及时、措施不当等。这些风险均可能影响公司的运营、产品质量和安全性。

（一）设备监造管理不完善带来的质量风险

设备监造管理是确保设备质量和安全的重要环节。然而，在实际操作中，设备监造管理存在多种风险，这些风险可能会对公司的运营和安全产生负面影响：

（1）资质不符与人员配备风险：未依法选择具备相应资质的设备监理单位，或设备监理单位未委托具有资质的设备监理工程师，这违背了法律法规的要求，并可能给设备运行带来隐患。

（2）责任心不强与执行不力：监造人员责任心不强，未按监造计划要求执行，或对发现的问题未监督供应商进行及时整改，导致设备存在缺陷。这为工程投运后的安全问题留下了隐患，引发管理风险。

（3）质量监督职责不明确：在监造过程中，如果设备生产过程中存在的质量问题没有被及时发现，可能导致设备存在先天缺陷，为以后的生产运行留下安全隐患。

（二）质量抽检管理中的策略选择和及时性风险

质量抽检管理是确保产品质量和供应链稳定的关键环节。质量抽检管理风险会对公司的运营和产品质量产生负面影响，主要表现为：

（1）抽检方式不合理：部分产品的抽检方式可能存在缺陷，导致无法全面反映产品质量。例如，抽检 1km 以下 110～220kV 的电缆，实际操作难度较大，可能无法实现公司的全面抽检计划。

（2）检测不及时：在质量抽检过程中，可能存在检测不及时或应检未检的情况。这可能导致产品在使用过程中才发现问题，进而影响项目工程进度和产品质量。此外，检测时间过长也可能导致产品滞留，增加库存成本和资金占用。

（3）处理措施不当：对于检测未通过的物资，如果没有及时采取退换货等处理措施，或对抽检发现的问题没有及时处理或处理措施不妥当，可能会影响物资质量和供应效率。这可能导致产品质量下降、供应链中断或客户满意度下降。

（三）质量问题处理中的及时性和可追溯性风险

质量问题通常出现在设备监造、抽检、到货验收、设备投运和质保期间，质量问题处理不当将给公司带来诸多风险：

（1）问题处理不及时：对于发现的产品质量问题，如果没有及时采取适当的处理措施，可能会导致问题恶化，影响产品的性能和安全性，进而影响公司的声誉和客户关系。

（2）处理措施不当：对于质量问题的处理，如果采取的措施不当或不充分，可能无法彻底解决问题，导致问题反复出现或产生新的隐患。

（3）质量记录和追踪不足：对于质量问题的处理，如果没有完整、准确的记录和追踪机制，可能会导致问题被忽略或无法追溯。这影响了对问题的深入分析和改进，也降低了公司的质量管理效果和效率。

六、供应商关系管理典型风险

供应商关系管理典型风险包括供应商资质能力核实、绩效评价和不良行为处理。

在供应商资质能力核实中，存在评审专家或管理人员违规接受贿赂等风险，可能导致选择不合格供应商。在供应商绩效评价中，若未能定期收集、整理、统计、分析相关信息，将导致评价结果的可参考性不强。在供应商不良行为处理中，若处理不合规或不公正，可能损害供应链稳定性和可持续发展。

（一）供应商资质能力核实管理中的廉洁风险

供应商资质能力核实是确保供应商质量的重要环节，供应商资质能力核实管理中存在的风险包括评审专家或管理人员违规接受供应商礼品钱财等贿赂或供应商提供的宴请、娱乐等活动。这些行为可能导致评审专家不按实际情况对供应商进行资质能力核实，使得核实结果与实际不符，公司无法获知真实情况，从而导致不具备相应生产能力的供应商中标。此外，供应商资质能力核实不全面、不严格也会造成实际资质不合格的供应商获取"一纸证明"。最终发放的"一纸证明"不能代表供应商的真实水平，不能作为招投标的参考依据，对招标结果造成误导，进而增加采购成本，降低采购质量和效率。因此，确保供应商资质能力核实和绩效评价合规是供应链合规的重要环节。通过合规的供应商资质能力核实和绩效评价，可以确保选择到符合要求的供应商，并及时评估合作过程中的表现，有助于维护供应链的合规性和业务的可持续发展。

（二）供应商绩效评价管理中的依据不充分风险

供应商绩效评价管理是确保供应商质量的关键环节之一，但在实际操作中存在多种风险。如果未能定期收集、整理、统计、分析供应商的合同履约、产品质量、售后服务等相关信息，将导致评价结果的可参考性不强。此外，未能及时更新供应商绩效评价信息库并作为招评标的参考依据，将使得甄别不合格供应商的依据不充分，可能让产品不合格、屡次发生质量问题的供应商再次中标，这给电网安全稳定造成了很大的隐患。因此，公司应建立完善的供应商绩效评价机制，确保评价结果的准确性和可靠性，为招标采购提供有效的参考依据，从而维护电网的安全稳定。

（三）供应商不良行为处理中的合规性风险

供应商不良行为处理存在的风险包括处理是否合法、合规等问题。处理供应商的不良行为是供应链合规中的重要环节，需要确保合规性和公正性。如果不良行为处理不合规或不公正，可能会损害供应链的合规性，导致供应商不按照合同约定和合规要求履行其责任，进而影响供应链的稳定性和可持续发展。因此，通过合规的不良行为处理，可以维护供应链的合规性，确保供应商按照合同约定和合规要求履行其责任，并促进供应链的稳定和可持续发展。

七、应急物资管理典型风险

应急物资管理典型风险包括储备定额设定不合理导致的库存问题，以及调拨不及时、不准确和使用后手续不全等风险。为降低风险，公司需建立完善的管理制度，加强日常监督，确保储备定额科学合理，调拨及时准确，账实相符。

（一）应急物资储备定额管理存在的储备不足与库存积压风险

应急物资储备定额管理是确保公司在紧急情况下能够迅速响应的重要环节，风险主要体现在储备定额的设定、确认和执行过程中。由于储备定额设置不合理，可能会导致库存物资短缺或积压，增加库存成本，甚至导致资产价值损耗或生产经营中断。对于已无法使用的应急储备物资，如果未能及时处理或补充，可能影响应急物资储备的有效性。为了降低这些风险，公司应建立健全应急物资储备定额管理制度，综合考虑应急物资储备需求、实际库存情况等信息，确保储备定额的设定和执行过程科学、合理、有效。同时，需要定期对应急物资储备进行审计和评估，加强与专业部门、物资管理部门的沟通与协作，确保储备定额得到确认和更新。

（二）应急需求响应不及时风险

应急响应不及时风险是指公司在应急状态下，供应链未能及时采取应对措施，导致损失扩大的风险。这种风险可能由多种原因引起，例如应急预案不完善、应急物资储备不足、信息传递不畅等。应急响应不及时风险可能导致公司遭受重大损失，甚至危及员工生命安全。为了降低这种风险，公司应该建立健全应急管理体系，完善应急预案和物资储备，加强信息传递和协作，提高应急响应速度和效率。同时，公司还应该加强对应急管理的培训和演练，提高员工的应急意识和技能水平，确保在紧急情况下能够迅速、准确地采取应对措施。

（三）应急物资管理培训与应急保障演练结果的有效性风险

国家电网公司在应急物资管理培训与应急保障演练中面临着诸多风险。如培训的有效性、模拟场景与实际情况的匹配度、参与人员的响应速度和协调配合度等，为降低这些风险，公司应加强对应急物资管理培训和应急保障演练的重视和管理，建立健全应急管理体系和预案，加强物资储备和信息传递，提高协调配合能力和应急响应效率。同时，还应加强对应急管理的监督和评估，及时发现和解决存在的问题，不断提高应急物资管理和应急保障演练的水平。

八、废旧物资处置典型风险

废旧物资处置典型风险包括拆旧物资回收不及时或未足额回收、废旧物资处置手续不完备和报废物资长期未处置。这些风险主要源于管理不善、重视程度不够和流程不规范等问题。

（一）拆旧物资管理中的不及时或未足额回收风险

部分工程项目管理粗放，对拆旧物资的重视程度不够，往往只是简单地拆除后随意存放在施工现场、变电站、供电所等场所，甚至将部分物资挪作他用，没有意愿申请入库保管。项目单位对退库拆旧物资的重视程度也不够，实际上往往只是简单地退回，导致利库计划难以执行，进而造成拆旧物资长期积压。此外，由于历史遗留问题或现场管理不善，部分项目的拆旧物资实际数量与原资产数量不符，导致回收量不足。由于担心申报处置后会被查问回收量不足的问题，因此不进行报告。

（二）废旧物资处置中的手续不完备风险

废旧物资处置手续不完备风险主要体现在审批、鉴定、移交、入库、结算等多个环节的单据不齐全、签字盖章缺失。这主要是由于物资管理人员对废旧处理流程中的资料把关不严，工程项目管理人员对此重视不足，导致流程不规范，各环节手续不完备。这暴露出物资管理部门基础工作薄弱，未能依规执行基础管理。为降低风险，应加强物资管理人员的培训和监督，提高对废旧物资处置流程的重视程度，确保各环节手续齐全、完备。

（三）报废物资管理中的长期未处置风险

部分物资报废审批受阻，技术鉴定长期缺位，报废或退库无法进行。部分拆旧物资因历史问题缺乏固定资产卡片，财务部门拒绝报废审批，导致待报废物资无法入库和处置。仓库中部分单位长期存放待报废物资，未获审批，占用大量库存空间，新拆旧物资无法入库。废旧物资接收后长期未办理移交和报废手续，导致处置滞后。项目单位对废旧物资重视不足，认为其仅为物资管理范畴，退库后工作推进缓慢，不配合废旧物资处置手续的办理，导致物资长期积压。

九、评标专家管理典型风险

评标专家管理典型风险包括合规性、绩效考核和廉洁保密专业技能风险。为降低这些风险，需确保专家独立公正，有相关知识和经验，并建立公开透明的选择程序。

同时，明确评价标准，建立公正的绩效考核流程，激励专家履行职责。定期进行廉洁保密和专业技能培训，提升专家素养和法律法规意识，降低风险。

（一）评标专家库建设中的资质全面性风险

评标专家库建设存在的风险主要体现在评标专家的专业能力、独立性、公正性等方面。由于评标专家个人的知识、经验、职业道德等因素，可能会影响其决策的准确性和公正性，从而给项目带来风险。同时，评标专家库的管理也可能存在疏漏，如入库标准不严格、信息更新不及时等，也可能导致风险。因此，要降低评标专家库建设风险，需要加强对评标专家的资质审核和管理，确保评标专家具备相应的专业能力和职业道德。对于评标专家的选择和抽取，应采用随机和保密的方式进行，避免利益冲突和不当干预。

（二）专家培训管理中的廉洁和技能培训风险

专家廉洁保密和专业技能培训风险在评标和监督工作中尤为突出。这些风险包括但不限于：①专家可能因个人原因损害评标结果的公正性和公平性；②专家在处理高度机密的评标信息时，可能导致信息泄露，给相关方带来重大损失；③专家在专业技能上的不足或知识更新不及时，可能影响评标结果的准确性。为了降低这些风险，除了加强培训和教育以提升专家的职业素养、业务水平和法律法规意识外，还应建立严格的监督机制和惩罚措施，确保评标专家在实际工作中能够遵守相关规定和职业道德，保障项目顺利进行。

（三）评标手段落后带来的违规操作风险

评标手段落后风险主要体现在评标手段的落后和不完善上。传统的评标手段往往依赖于人工操作和纸质文件，效率低下且容易出错，可能导致评标过程不公正、不透明，出现违规操作的可能性较大。此外，如果没有现代化的信息技术手段支持，对专家行为的监督和约束力也会大大减弱，难以保证评标的公正性和准确性。因此，为了降低评标手段落后风险，应积极引入现代化信息技术手段，建立完善的评标管理系统，实现全程电子化管理。通过大数据分析技术对评标过程进行实时监测与预警，及时发现并遏制不良行为，确保评标的公正、透明和高效。同时，应加强专家行为的监管和违规行为的处理，加大处罚力度，形成有效的震慑力。

十、供应链运营管理典型风险

供应链运营管理典型风险包括应急响应风险、数据和网络安全风险。为降低这些风险，应建立应急预警机制和数据安全防护措施，加强网络安全管理，确保供应链的稳定和可靠运行。

（一）供应链预警不及时风险

供应链预警不及时风险是指在供应链运营过程中，由于未能及时发出预警信号，导致公司无法及时应对潜在的风险。这可能会造成工程延期、库存积压、运营效率下降等一系列问题，从而给公司带来财务和声誉上的损失。为了应对这种风险，公司需要建立完善的预警机制，加强信息沟通和共享，提高员工的风险意识，并引入先进的预警技术。同时，制定应急预案以快速应对潜在风险。

（二）供应链数据管理中的安全性风险

供应链数据和网络安全风险主要涉及供应链中各类数据的保护和网络安全的管理。为降低这些风险，应做好供应链各类数据安全和网络安全管理工作。这包括保护供应链中的敏感信息和关键数据，防范数据泄露、网络攻击和其他安全风险。通过有效的数据安全和网络安全管理，可以维护供应链的合规性和可信度，确保供应链的稳定和可靠运行。因此，供应链合规审查应将数据安全和网络安全管理作为重要的审查方面，以确保供应链的安全和可靠性。

十一、从业人员廉洁风险

从业人员廉洁风险指的是在供应链管理过程中，由于从业人员的不当行为或管理漏洞，导致企业面临经济损失、声誉损害、法律纠纷等风险的可能性。这些风险通常涉及招标采购、供应商管理、废旧物资处置和库存管理等多个环节。

（一）招标采购中的廉洁风险

招标采购相关从业人员面临的廉洁风险主要有：对招标采购全流程风险掌控不足、重点问题跟踪治理力度不够、采购活动法律合规性审查不严、信息发布违规损害公司形象、供应商及其利益相关方投诉处理不当、从业人员家风不严导致的不正当利益谋取等。这些风险点需相关从业人员严格防控，确保招标采购工作规范有序。

（二）供应商管理中的廉洁风险

供应商管理是物资从业人员职责的重要组成部分，其廉洁风险主要包括供应商资质核实不到位、违规与供应商接触、接受特定管理对象礼品礼金或招待等，可能导致企业陷入法律困境或声誉受损。同时，暂停资格或无资质供应商通过挂靠其他供应商方式继续承揽业务，也是供应商管理中的一个廉洁风险点。

（三）废旧物资处置中的廉洁风险

废旧物资处置过程中，物资从业人员面临的廉洁风险较为突出。管理人员私自处置废旧物资、谋取私利，可能导致企业资产流失和腐败现象滋生。此外，废旧物资不能足额回收也是废旧物资处置中的一个廉洁风险点，会造成企业利益受损。

（四）库存管理中的廉洁风险

库存管理是物资从业人员职责中的重要环节，其廉洁风险主要包括出入库管理不规范、实物盘点不到位、结余物资未退库等管理问题，可能导致物资损失和资源浪费。同时，私自允许其他企业使用仓库、私自出售库存物资等廉洁风险，也存在于极个别企业中。

第三章

国家电网公司供应链风险防控体系建设

国家电网公司全面践行依法合规治企，坚持把"严"的主基调贯穿供应链风险防控始终，聚焦供应链资源保障力、风险防控力、价值创造力、行业引领能力和效率、效益、效能（简称"三效"），依托"大云物移智边链"等新技术手段，构建与绿色现代数智供应链发展相匹配的"三全三化"供应链风险防控体系；不断健全"事前预防、事中监督、事后改进"工作机制，持续提升供应链风险防控水平，为公司供应链风险防控工作依法合规、规范有序开展提供机制保障；形成三大核心业务链协同运作，现代智慧供应链高效运营，业务参与主体廉洁安全，供应链风险防控体系更完善、防控方法更智能、防控成效更显著的风险防控新模式，助推公司供应链高标准、高质量发展。

第一节　供应链风险防控体系

国家电网公司"三全三化"供应链风险防控体系是指供应链风险防控业务全覆盖、流程全管控、岗位全监督、监督机构责任化、监督队伍专业化、管控手段数智化，强化组织防控、技术防控、业务防控、监督防控各项举措，全面落实主体责任和监督责任，从体制机制上全面、科学、系统防控供应链风险。

一、供应链风险防控体系建设思路

国家电网公司加快打造基于数据驱动的供应链发展新模式新业态，实现高质量的供应链数据贯通、管理与应用，推动形成新质生产力，服务公司和电网高质量发展，认真落实"双碳"目标、新型电力系统建设等工作要求，不断深化供应链风险防控工作，促进供应链风险防控工作规范化、标准化开展。公司以高质量建设绿色现代数智供应链为指引，围绕供应链管理"三效"提升目标，通过建立健全供应链风险管理监督机构、建设数智化供应链监督平台、压实主体责任和监督责任、夯实供应链监督管理基础、组建专业化监督专家队伍等举措，着力解决供应链风险防控中存在的突出问题与矛盾，切实提升供应链风险防控工作质效，进一步提升供应链风险防控的自我净化和自我约束能力。

二、供应链风险防控体系建设目标

"三全三化"供应链风险防控体系（见图 3-1）是国家电网公司多年来供应链风险防控工作的经验总结，是有效保证供应链业务依法合规、风险可控的重要手段。国家电网公司通过实行供应链风险防控监督机构责任化、监督队伍专业化、管控手段数智化，实现供应链风险防控业务全覆盖、流程全管控、岗位全监督建设目标，确保各级供应链业务风险"可控、能控、在控"。

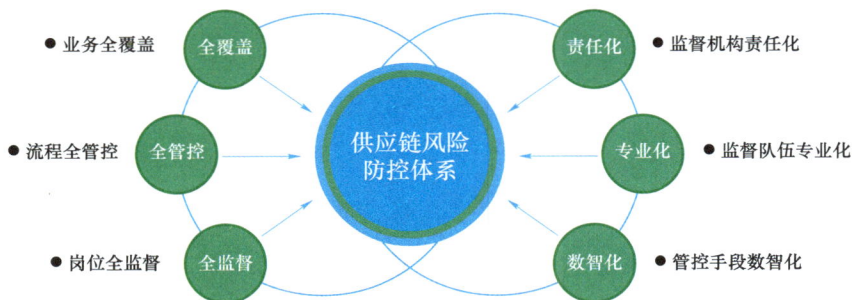

图 3-1　供应链风险防控体系

1. 业务全覆盖

供应链风险防控体系涵盖需求计划、招标采购、合同管理、产品质量监督、仓储配送、供应商关系管理、废旧物资处置等供应链业务，综合运用专业监督、专项监督、现场监督、数智监督、社会监督等监督检查，实现供应链风险防控范围覆盖供应链所有业务。

2. 流程全管控

供应链风险防控覆盖供应链业务流程的前、中、后期，健全事前预防有方、事中监督有效、事后惩治有力的供应链风险防控长效机制，确保供应链所有业务流程风险防控不遗死角、不留盲区，实现供应链全链流程全管控。

3. 岗位全监督

供应链风险防控全面覆盖供应链管理相关单位、部门及人员，包括但不限于总部、省、地（市）三级物资管理部门、两级物资公司（招标代理机构）及其他业务主管部门等，实现供应链所有岗位全监督。

4. 监督机构责任化

供应链风险防控遵循"纵向到底，横向到边"的原则，健全供应链监督组织架构，建设专业化的供应链监督队伍，明确监督职责，为供应链风险防控奠定组织保障。

5. 监督队伍专业化

加强供应链监督专家为主体的供应链监督队伍建设，强化监督专家的培训考核，提升监督专家履责能力，为公司各单位开展供应链风险防控奠定坚实的监督队伍基础。

6. 管控手段数智化

创新供应链风险防控监督方式，拓展风险防控深度广度，加强供应链风险防控数智化建设，实现风险防控过程自动监测和管控，提升监督质效，为供应链风险防控提供技术支撑。

第二节　供应链风险防控机制

国家电网公司推进前沿数智技术与供应链风险防控工作的深度融合，依托"三全三化"供应链风险防控体系，建立事前预防预警机制、事中过程监督机制和事后长效改进机制，通过组织防控、业务防控、监督防控、技术防控等实施路径，逐步实现从人防向技防转变、从抽样查向全量管转变、从违规问题事后追责向防控事前事中风险转变，供应链风险防控管理效率、效益、效能大幅提升。

一、工作机制

供应链风险防控工作机制见图 3-2。

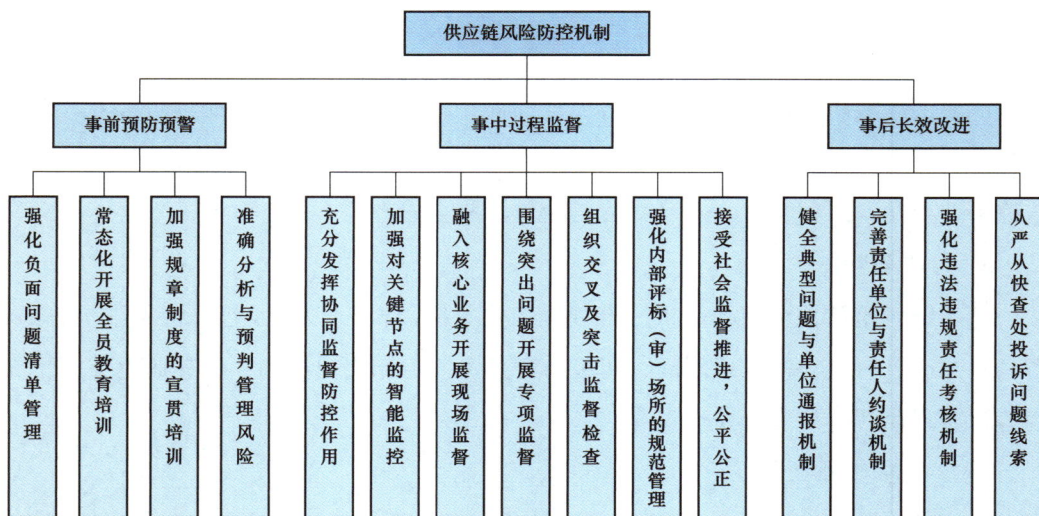

图 3-2　供应链风险防控工作机制

（一）事前预防预警

1. 强化负面问题清单管理

编制涵盖供应链主要专业的供应链管理典型问题样本库，明确问题定性、具体描述、典型案例、责任单位与岗位、考核标准、防范措施；针对典型问题，定期开展比对排查、自我纠偏等工作，作为启动通报、约谈、考核机制，组织逐级监督检查的样本依据。

2. 常态化开展全员教育培训

制定廉洁保密风险防控手册，落实廉洁保密责任，督促防范措施落地实施；在内网网页开辟"教育培训专栏"，通报警示案例、发布工作动态、交流管理经验；在评标现场设立临时党支部，强化"学习教育、承诺践诺、谈话谈心、风险防控"四项工作机制；通过参观警示基地、讲授专题党课、日常风险提示等形式，实现年度廉洁教育 100%全覆盖。

3. 加强规章制度的宣贯培训

组织对业务操作人员开展规章制度宣贯培训；结合典型案例分析，按专业印发业务指导和工作手册，实现随用随查、即时纠偏；拓宽纵向沟通渠道，通过电话、网络等方式及时进行答疑，纠正理解偏差，高效解决疑难问题。

4. 准确分析与预判管理风险

就重大风险发送"风险预判提示函"，提醒责任单位全面防范风险；安排风险防控课题研究，实现风险有效防控与业务管理提升的同步协同，形成"风险预判–措施研究–防控实施–成效评价"的闭环管控机制。

（二）事中过程监督

1. 充分发挥协同监督防控作用

加强与本级纪检监察、审计部门的协同监督，召开联络会议，建立问题线索信息共享、问题整改协同推进、整改成效共同评估的良好工作机制。会同纪检监察部门共同推进业务部门"主体责任"的落实；会同审计部门共同推进审计问题的整改销号。

2. 加强对关键节点的智能监控

在业务工作中嵌入监督管控点，实现对招标采购、合同签订、物资供应、废旧物资处置等核心业务关键环节的在线监控；借助合规风险探针、监控预警指标、绿色数智评标基地智慧管理系统等数智化手段，不断优化和固化工作流程，严格约束违规违纪行为，有序引导各级管理人员规范工作，全面提高监控效率。

3. 融入核心业务开展现场监督

委派监督专家、细化职责分工、开展现场监督、反馈监督信息等关键流程实行标准化管理，指导各级物资部门高质量完成招标采购、供应商资质能力核实、废旧物资竞价处置等现场监督，为供应链业务规范、有序开展提供有力支撑。

4. 围绕突出问题开展专项监督

牵头组织，协同业务部门和合规检查专家，针对问题突出、风险较高的供应链管理业务，按照"下达通知－专项检查－监督建议－完成整改"闭环管控要求，开展专项监督，纠正突出问题，完善制度流程，健全工作机制，增强从业人员的合规意识和风险防控意识，促进各项管理制度落地落实。

5. 组织交叉及突击监督检查

按项目管理全流程组织跨区域交叉检查，全面评价被检查单位供应链风险防控水平；按照"四不三直两查"（不发通知、不打招呼、不听汇报、不用陪同，直奔基层、直插现场、直面问题，查业务规范、查责任落实）的方式对问题发生频率高、风险影响大的业务不定期开展突击检查。

6. 强化内部评标（审）场所的规范管理

推广绿色数智供应链评标现场智能化监督场景研究成果，集成专家管理、会务服务、现场监督等功能；组织评标（审）场所数智化建设、管理达标验收和星级评选及授牌，强化评标（审）场所规范管理，充分发挥国家电网"阳光招标"示范窗口宣传作用。

7. 接受社会监督，推进公平公正

保持高度政治责任感，自觉接受政府监管和社会监督，严格依法依规开展供应链风险防控工作；做好政府部门、监督机关对公司各类监督检查配合工作，对于监督检查发现问题限时整改销号；不断扩大对社会公告公示范围，接受利益相关方和公众媒体的监督，以最大限度的公开推进公平公正。

（三）事后长效改进

1. 健全典型问题与单位通报机制

建立供应链风险防控问题通报机制，对于普遍性、典型性、重复发生问题，以及发现问题数量较多或管理严重缺失的单位，在一定范围内定期通报，对于重大突出问题，及时进行专题通报，责成责任单位深入分析问题成因、制定并执行有效措施，限期完成整改工作。

2. 完善责任单位与责任人约谈机制

建立供应链风险防控问题约谈机制，对管理薄弱、问题典型、屡查屡犯的责任单位组织定期约谈；对于性质严重或影响重大的问题，对责任单位及责任人组织专项约谈；对于整改成效不明显或历史问题屡查屡犯的，将扩大通报范围，提高约谈层级，逐级压实监督压力。

3. 强化违法违规责任考核机制

建立供应链风险防控问题考核机制，加强对违规违纪责任的考核力度，对于内外部巡视、审计、监督检查发现的问题，按问题性质和影响程度设置不同考核系数和标准，对风险防控不力、监督工作不落实、问题整改不到位责任单位，严格考核问责，全面传递问责压力。

4. 从严从快查处投诉问题线索

按照"从严从快、有诉必查、有错必纠、有责必问"的原则组织查处供应链投诉举报，严格规范投诉举报件的受理、调查、归档等环节工作，对于典型突出问题，启动通报、约谈、考核机制，并与本级纪检监察部门建立起问题线索共享、处置会商工作机制，共同防控供应链管理风险。

二、实施路径

1. 组织防控

遵循"纵向到底，横向到边"的原则，建立健全供应链风险防控组织机构，明确供应链业务部门、职能部门、监督部门职责，健全责任化监督机构，组建专业化监督队伍，落实主体责任和监督责任，为供应链风险防控提供组织保障。

2. 业务防控

推进供应链风险防控业务运作规范化、风险防控业务化，在各项关键业务开展过程中，将法律硬性约束设置为业务边界条件，针对梳理出的供应链业务潜在风险，将风险控制要求编入规章制度，全面排查、梳理各业务领域的潜在风险，主动剖析问题背后的制度漏洞和管理短板，从流程防控、岗位防控、权限防控、指标防控等系统制定有针对性的防控措施，建立长效机制，履行主体责任，保证公司供应链风险防控取得实效。

3. 监督防控

以问题为导向，开展专业监督、专项监督、现场监督、数智监督、社会监督、交叉检查、突击检查等监督检查，及时发现管理短板，强化问题整改处置，力求以监督推动规范，以整改促进提升，实现供应链风险的闭环管控，履行监督责任。监督防控的方式主要包括融入核心业务开展现场监督、围绕突出问题开展专项监督、推进数智监督、组织开展交叉检查及突击检查，防控供应链风险，充分发挥协同监督防控作用，接受社会监督，推进公平公正。

4. 技术防控

创新数智防控技术手段，动态监控供应链各业务环节潜在风险，智能防控供应链风险，持续推进供应链风险防控从人防向技防转变，防控手段从线下向线上转变，应用监控预警指标实时监控、预警、督办整改供应链风险防控异常问题，实现供应链全业务覆盖、全流程管控、全方位防控、全闭环管理的供应链数智防控。

第四章

国家电网公司供应链风险防控实践举措

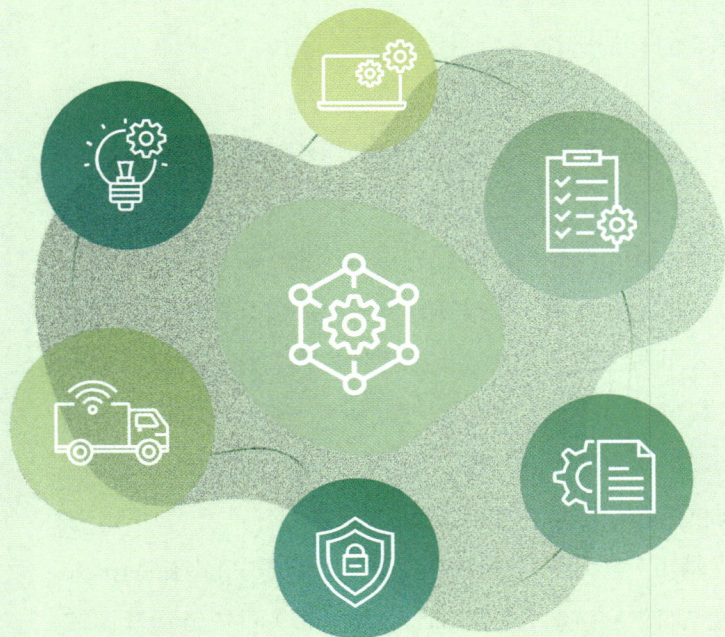

随着国家电网公司供应链规模稳步增长，管理颗粒度日益精细，风险管控更加严格。基于供应链风险特征，公司进一步增强了忧患意识和风险意识，坚持事前、事中、事后全程防控，健全风险防控机制，落实各部门、各单位、各岗位风险防控责任，强化组织防控、业务防控、监督防控、技术防控措施，实现物资管理风险的可控、能控、在控。

第一节　组　织　防　控

供应链管理是企业价值链的重要环节，而供应链全流程风险防控又是供应链管理的第一要素。由于供应链风险涉及的业务流程多、维度广，防范难度很大，国家电网公司经过长期的供应链管理理论创新和深入实践，遵循"纵向贯通，横向协同"的原则，协同供应链业务参与方共治共管供应链风险，推动供应链风险防控再上新台阶。

一、风险防控的纵向贯通

供应链运营管理的纵向贯通是风险组织防控的重要组成部分，主要涉及供应链运营风险管理组织的建立、职责分工和风险岗位交流，目标是建立一个高效、协调一致的风险管理团队，以确保风控体系的有效运行。

（一）构建层级化组织机构

国家电网公司构建总部、省、市（区县）三级供应链监督组织架构，履行本级供应链监督职责。

国网物资部负有物资监察职能，设立监察处，履行公司系统供应链监督职责。各省（自治区、直辖市）电力公司在物资管理部（招投标管理中心）设立供应链监督机构，设置专职供应链督察岗位；公司两级物资公司（招标代理机构）设立供应链监督支撑机构，设置专职供应链督察岗位；市（县）供电公司设置专（兼）职物资督察岗位，形成三级物资部门与三级支撑机构密切配合、稳步推进的良好局面，实现对供应链核心业务、关键流程、管理岗位的全面有效监督。

公司总部、各省（自治区、直辖市）电力公司供应链运营调控指挥中心（Enterprise Supply Chain Center，ESC）设置专职供应链数智监督岗位，地（市）供应链运营调控指挥中心设立专（兼）职供应链数智监督岗位，履行供应链数智监督职责。

（二）细化各层级职责分工

1. 国网物资管理部职责

国家电网公司物资管理部（招投标管理中心）是公司供应链监督工作的归口管理部门，其主要职责是：负责依据国家法律、法规和公司有关规定，制定公司供应链监督工作的制度、标准和其他规范性文件；负责公司供应链监督体系建设，制订工作规划和年度工作计划，并督导执行；负责组织监督检查各级单位贯彻执行国家有关法律法规及公司有关供应链管理制度情况、供应链管理参与主体业务开展规范性情况；组织实施纳入总部业务范围的现场监督工作；受理供应链管理活动中有关业务方面投诉，并组织调查处理；负责组织开展供应链监督平台建设与应用；负责组织开展物资系统廉洁从业教育；负责组织公司现场监督专家库和合规检查专家库的建设和管理，并开展评价；负责公司各级单位供应链监督工作的指导、监督、检查和考核。

2. 各省（自治区、直辖市）电力公司、地（市）供电公司物资管理部（招投标管理中心）职责

各省（自治区、直辖市）电力公司、地（市）供电公司物资管理部（招投标管理中心）是本级供应链监督的归口管理部门，其主要职责是：负责贯彻执行国家有关法律法规、上级供应链监督制度、标准；负责本级供应链监督体系建设，制订工作规划和年度工作计划，并督导执行；负责组织或参与监督检查本级所属单位贯彻执行国家法律法规及公司有关供应链管理制度情况，本级所属单位供应链管理参与主体业务开展规范性情况；组织实施纳入本级业务范围的现场监督工作；受理本级所属单位供应链管理活动中有关业务方面投诉，并组织调查处理；负责组织开展本级供应链监督平台建设与应用；负责组织开展本级物资系统廉洁从业教育；负责组织本级现场监督专家库和合规检查专家库的建设和管理，并开展评价；负责本级所属单位供应链监督工作的指导、监督、检查和考核。

3. 公司两级物资公司（招标代理机构）职责

公司两级物资公司（招标代理机构）在两级物资部的业务管理下，承担公司供应链监督的具体实施工作，其主要职责是：负责配合开展供应链监督体系建设，协助制订工作规划和年度工作计划；负责协助组织或参与监督检查各单位贯彻执行国家有关法律法规及公司供应链管理制度情况，协助组织或参与监督检查各单位供应链管理参与主体业务开展规范性情况；负责依托供应链运营调控指挥中心，做好线上供应链管理风险的防范、识别与监管，组织开展线上稽查与风险异常问题分析，提出风险防控

建议等工作；负责配合开展供应链监督平台建设与应用；负责落实现场监督专家库和合规检查专家库的建设和日常运营，并开展专家培训及评价；负责开展供应链监督相关统计分析，报送统计报表，编制各类监督工作报告，协助开展监督工作质量评价。

4. 总部供应链运营调控指挥中心职责

国网物资公司是总部供应链建设运营单位，在国网物资部业务指导下开展公司供应链建设及运营工作，主要职责是：负责制定公司供应链运营工作流程，建立日常运营工作机制，制定运营工作手册；负责组织开展总部供应链运营平台运营，实施业务运营、功能建设及数据管理；负责定期组织开展公司供应链业务统计、运营评价分析、决策支撑等工作；负责组织开展实物资源跨省调配、协议库存跨省调剂、履约问题协调、产能统一排产、运力资源统筹等工作；负责组织开展供应链业务风险识别、风险监控指标建设工作，负责协调处理总部供应链风险事件，跟踪督办总部、省公司风险处理情况；负责组织开展总部供应链运营平台数据溯源、接入贯通、质量治理、安全管理等工作；负责组织开展总部供应链运营平台数据需求管理、数据共享及应用、数据价值挖掘等工作；负责在发生影响公司生产经营的突发事件及重大活动保电状态下，协调全网开展资源跨省调配、调度指挥等应急物资保障工作；协助国网物资部对各级供应链运营工作开展检查、评价、考核。

5. 省级供应链运营调控指挥中心职责

省物资公司是省公司供应链运营日常建设运营单位，主要职责是：负责制定省公司供应链日常运营工作流程及工作手册；负责组织开展省公司供应链运营平台建设，实施供应链业务运营、平台建设及数据管理；负责定期组织开展省公司供应链业务统计、运营分析、运营评价、决策支撑等工作；负责组织实施实物资源调配、协议库存匹配及调剂、履约问题协调、产能统一排产、运力资源统筹等工作；负责组织省级供应链业务风险识别、风险监控指标建设工作，负责协调处理供应链风险事件，跟踪督办地市级供应链风险事件处理情况；负责实施供应链运营平台数据溯源、接入贯通、质量治理、安全管理等工作；负责实施供应链运营平台数据需求管理、数据共享及应用、数据价值挖掘等工作；负责在发生影响公司生产经营的突发事件及重大活动保电状态下，实施省内资源调配、调度指挥等应急物资保障工作；协助省公司物资部对地市公司供应链运营管理工作进行监督、检查、评价、考核。

6. 地（市）级供应链运营调控指挥中心职责

地市公司物资部（物资供应中心）履行本单位供应链运营管理职能，开展本单位供应链平台应用工作，主要职责：负责承接省公司相关运营工作任务，开展地市公司供应链运营管理，指导所辖县公司做好运营平台应用工作；向省公司提出平台应用建设需求、参与需求论证及开发等工作；负责定期组织开展地市公司供应链业务统计、运营分析、运营评价、决策支撑等工作；负责对口协调处理省公司派发的物资调配任务，组织开展本单位实物资源调配、协议库存匹配及调剂、履约问题协调等工作；负责开展地市级供应链业务风险识别，协调处理地市级供应链风险事件；负责配合省公司开展供应链运营平台数据溯源、接入贯通、质量治理、安全管理等工作；负责配合省公司开展供应链运营平台数据需求管理、数据共享及应用、数据价值挖掘等工作；负责在发生影响公司生产经营的突发事件及重大活动保电状态下，配合省公司开展资源调配、调度指挥等应急物资保障工作。

7. 规范开展风险岗位交流

根据岗位工作风险等级高低，将关键岗位划分为一类关键岗位和二类关键岗位（详见二维码）。按照"分级管理、逐级负责"的原则，公司各级物资部门把关键岗位人员交流与岗位日常绩效考核、年度考核和任期考核有机结合起来，建立关键岗位人员档案，每年年底根据关键岗位、在岗人员和任职年限等情况，提出下一年度的关键岗位人员交流计划报人资部组织实施，并受各级纪检监察部门监督。

二、风险防控的横向协同

国家电网公司明确界定了参与供应链全业务环节的各部门、单位在风险防控工作中的主要职责，并依托总部和省级"两库一平台"实现供应链管理全业务环节风险的智能识别、专项预警的分级推送，推动多层级管理人员横向协同、齐抓共管，对异常事件进行闭环消缺，实现线上线下系统化风险防控，保证供应链风险可控、在控和能控。

（一）明确界定供应链参与各方职责

发展部主要负责工程建设项目可行性研究和项目核准（含采购方式）管理；安质部、运检部、营销部、农电部、科技部（智能电网部）、交流部、直流部等项目管理部门主要负责工程项目管理，严格执行国家相关法律法规和公司管理制度，落实工程建设招投标制；基建部主要负责工程设计、施工、监理采购策略研究及合同履约管控，协助物资部做好工程设计、施工、监理招标采购工作。财务部主要负责进行合同结算和资金支付管理；信通部主要负责电子商务平台信息安全保密管理，配合物资部做好电子招标投标办法的具体实施；外联部主要负责物资管理方面舆情监控工作，针对负面舆情及时与相关部门沟通，协调各相关部门做好应对工作；人事部、人资部主要负责研究并完善物资管理 关键岗位定员配置，建立敏感岗位定期轮岗制度；审计部主要负责将物资管理潜在风险列入审计内容，并对审计成果加以综合利用；法律部主要负责审核招标采购等关键环节工作的合法合规性，为物资管理全过程提供法律保障；各级纪检监察机构负责办理供应链管理中涉嫌违反党纪和职务违法、职务犯罪的问题线索。

（二）协同推进风险防控全覆盖

充分发挥各级供应链业务参与部门（专业）履行专业监督主体责任，应用总部和省级两侧"两库一平台"，对职责范围有关供应链业务事项及制度执行情况进行在线监督，通过供应链运营风险进行全方位监控并多方位精准推送预警信息，促进参与各方监督职能互补、信息互通，实现线上线下同步横向监督协调，加大风险监控广度与深度。针对物资业务监察与法律、监察、审计等部门的衔接配合问题，建立供应链参与各方定期沟通与联络桥架，优化监督资源配置，及时获取各类监督检查中发现的问题，及时整改落实到位，推动对异常事件的闭环消缺，提高整体监督效能，强化风险防控工作力度，确保全面落实公司物资管理风险防控相关要求。

三、风险防控的制度保障

国家电网公司全面落实法治央企建设部署，对公司供应链管理中的通用管理制度进行完善，为供应链风险防控提供坚实的制度支持，夯实供应链风险的科学预防和有效化解的保障基础。

（一）统一供应链管理规章制度

以权力配置科学化、权力运作规范化、权力监督业务化为核心，以专业流程为主线，按照职责、流程、制度、标准、考核"五位一体"的要求，对绿色现代数智供应链管理各项制度、标准和业务流程进行全面系统梳理，制定了 36 项一贯到底的供应链管理通用制度，设置科学的管理流程、制定规范的操作程序，从制度上堵塞漏洞，规避风险。同时对制度进行定期评估、清理，持续做好制度的废、改、立工作，不断推动相关制度的修订和完善，保证制度的科学性、可行性、连续性，充分发挥制度在风险管控工作中的基础性作用。

（二）加强规章制度的宣贯培训

基于风险知识库与供应链监督规章制度，根据风险内容、业务逻辑与责任岗位，每年组织两期针对业务操作人员的规章制度宣贯培训。结合典型案例分析，按供应链各专业印发业务指导与合规纠偏手册，实现随用随查和即时纠错的目的。拓宽纵向沟通渠道，每半年设置供应链管理制度执行答疑日，通过电话、网络等方式现场答疑，及时纠正理解偏差，高效解决疑难问题。

第二节 业 务 防 控

国家电网公司供应链风险业务防控对象包括且不限于供应链的计划、采购、合同、仓储配送、质量监督、供应商关系、应急物资、废旧物资、专家管理、供应链运营等业务工作。公司开展各项关键业务过程中，梳理出潜在典型风险，并针对性采取有效措施加以防控，保障公司供应链风险防控取得实效。

一、计划管理风险防控

在制定和执行采购计划过程中，存在需求计划申报不准确带来的效率风险、需求计划编制中的数据完整性风险以及采购计划的执行策略风险。公司落实全面计划管理，加强计划深度管控，严肃采购计划执行，降低计划管理风险，指导采购活动。

（一）落实全面计划管理

公司各需求单位根据年度综合计划、财务预算同步编制年度物资需求计划，以及批次、协议库存、框架协议等专项需求计划，优化计划编报方式和流程。同时根据公司增补综合计划及预算情况，及时调整需求计划，坚持"统一、集中、全面、刚性"的原则，做到全面覆盖、及时准确、闭环管理、科学考评，减少计划外采购，确保计划的刚性管理。计划管理过程中，各部门单位需各司其职、有效衔接，根据两级集中采购目录清单、工程里程碑计划、参照供应周期，进行合理申报。在预测需求计划的同时，结合仓储库存、未履约合同等资源，综合平衡利库，避免需求重复提报、漏报，减少后续需求计划调整工作量，同时减少不必要的库存和资金占用，从而降低计划申报不准确带来的效率风险。

（二）加强需求计划深度管控

公司通过实施物资需求计划的全程管控，加强各项目需求计划数据完整性梳理，增强计划执行的严肃性，充分发挥计划管理的龙头引领作用，切实采取有效措施，重点保障物资需求计划的全面性和准确性，促进物资供应从"分散管理、被动保障"向"集中管控、主动对接"的转变。加强综合计划和财务预算项目编制深度，并实现需求计划与公司投资管理模式的对接、需求计划与各专业项目管理的相互融合，加强计划管控深度。同时依托信息系统的建设，实现信息共享和全程管控，确保项目人员全面掌握物资需求信息，从而保证需求计划依据充分、数据完整。

（三）严格采购计划刚性执行

根据《国家电网有限公司物资计划管理办法》，严格执行需求计划采购策略，明确规则和流程，以确保供应链的稳定性和效率，防止因计划申报不及时、物资需求漏报等问题而影响工程项目建设进度，从而引发更严重的效率风险。建立全员参与的物资计划管理机制，对物资计划管理水平进行考核评价，以提高计划的准确性、及时性、全面性，促进各项重点工作任务贯彻执行、持续提升各级物资计划业务支撑能力和服务保障水平。有效杜绝应招不招、规避招标、未招先定等违规操作，降低采购执行策略风险。

计划管理典型风险防控措施见表 4-1。

表 4-1　　　　　　　　　　　计划管理典型风险防控措施

风险描述	风险表现形式	防控措施列举
计划申报不准确	（1）需求计划不准确或频繁变更	加强项目管理、工程设计、计划申报、内部评审专家等人员的业务培训，确保审查要点在计划管理各环节得到落实；提高初步设计深度，提高设计质量，确保需求计划准确性
	（2）未利库直接提报采购计划	建立库存资源利用长效机制，坚持"先利库、后采购"，在计划源头与仓储管理联动，推进库存积压物资利库工作，有效盘活库存闲置资源
	（3）计划申报不及时影响工程项目建设进度	协同需求部门，开展物资计划申报工作宣贯，提高设计质量，根据工程里程碑计划、参照合理供应周期，把控好最早交货期，确保计划申报及时准确
计划编制依据不充分	项目未经核准或立项，先申报需求	推行采购计划审查程序，各部门单位各司其职、有效衔接，合理提报；若计划申报条件不完备，但因涉及电网安全、供电服务、公司发展等确需开展的项目，经公司相关决策程序后可以申报
采购计划执行不到位	采购批次安排不合理，多次增加招标和非招标批次	（1）精准对接年度综合计划、财务预算、项目里程碑计划，科学合理安排采购批次，深入推行采购需求成批、整项申报，按季通报项目需求计划申报情况，建立月平衡工作机制，引导需求单位有效应用计划批次，有序开展计划编审、招标采购工作，提升一次采购成功率，控制批次数量； （2）发挥框架协议优势，拓展物资协议库存、服务框架协议采购品类，深入推行国家电网公司主网物资、国家电网公司配网物资协议库存预测工作，运用"大数据"充分考虑紧急采购项目，确保协议采购数量充足、品类覆盖全面，压缩常规批次采购，减少紧急采购

风险描述	风险表现形式	防控措施列举
应招未招	（1）超过法定招标金额，未履行招标程序	（1）物资部门加强采购目录及采购策略、提报要点等相关管理要求宣贯培训，在数字化法治平台合同审核环节加强合同、资金审批把关，会签时重点审核两级集中采购目录执行情况； （2）在ERP系统平台计划申报模块嵌入法定招标金额限定，对于满足法定招标金额的项目自动匹配公开招标或邀请招标采购方式
	（2）将应招标项目采取违规分割、化整为零等方式规避招标	（1）物资部门加强招标采购管理要求的宣传解读，强化计划源头质量管控，加强与各级项目管理部门、财务部门的协同合作，在立项环节加强审核确认，从预算申请源头跟进项目进度，防范拆分项目、化整为零等方式规避公开招标风险； （2）监控一定时期内同一工程同一物料编码的评估总价之和大于法定招标限额（法定招标限额：物资类200万元，施工类400万元，勘察设计监理类100万元），且存在非"公开招标"及"邀请招标"的采购方式数据，则属于异常数据
	（3）未履行采购程序直接签订合同	在起草合同环节，对于无直接采购审批单或成交通知书或中标通知书的项目合同，系统设置硬阻断，不得进行合同流转
	（4）先实施后采购	（1）项目部门（单位）针对本单位综合计划建议、预算计划以及项目计划安排，梳理采购需求，编制全面准确的采购计划，合理纳入对应采购批次，坚决杜绝提前实施的违规操作； （2）将项目名称、工作性质、工作内容作为关联项，比对数字法治平台中的中标时间和安全域平台（安监部）中的开工时间，若开工时间早于中标时间，判定为疑点数据

二、采购管理风险防控

采购管理过程中，在采购方式管理上存在未经授权或超过其权限范围招标等决策风险；在招标准备和实施阶段存在采购文件编制不规范、供应商串通投标、评标专家出席不规范等风险；在定标及后续工作和采购档案管理等方面，存在招评标结果不公正、采购档案归档不合规等风险。公司根据"依法合规、质量优先、诚信共赢、精益高效"的原则，确保采购方式的选择及采购活动依法合规，确保采购过程的公平性、透明性、效率性和可追溯性，降低采购管理风险。

（一）深化两级集中采购

依托总部和省公司（直属单位）两级集中采购管理体系，实行统一归口管理，建立操作更规范、过程更透明、管控更严格的采购模式。严格履行招标采购管理决策程序和审批手续，选择合法合规采购方式，杜绝"应招未招、规避招标、虚假招标、未批先招"等违法违规行为的发生，确保依法决策、合规操作。依据《国家电网公司招标采购活动管理办法》的有关规定严格对照邀请招标的适用条件，严格履行相关审批手续，对招标方式选择以及邀请招标审批手续进行严格监督，有效避免违规选择采购方式的风险。

（二）严控招标采购实施过程

招标文件编制完成后，组织招标文件评审小组审查招标文件、评标办法和评分标准。严肃责任追究制度，对为谋取不正当利益而设立歧视性条款或评标标准的个人予以惩处。同时，严格执行评标专家的随机抽取制度，履行评标委员会组建审批手续，并报招投标工作领导小组（办公室）审定；严格按规定对外公开发布招标有关信息，并严格执行关于招标文件发售、澄清、修改以及投标文件提交的时限要求，对违规的相关责任人严肃责任追究；进一步明确招标文件中的废标条款，严格执行废标审批流程。依照《国家电网有限公司采购活动管理办法》的有关规定，进一步加强并执行法律部门对招标机构经营活动的法律监督。

（三）依法进行定标

公司按照招标方案确定的定标原则召开定标会议，定标会议结束需形成会议纪要，经会议通过的评标报告和会议纪要将作为发布中标通知书的依据。定标结果需上报总部招投标领导小组办公室进行审批备案。定标过程中，要严格依照规则确定中标人：原则上应以排名第一的中标候选人为中标人，非第一名中标必须说明原因并经招投标领导小组审定。根据招投标领导小组会议确定的中标结果，招标代理机构分别在中国采购与招标网、国家电网公司电子商务平台两个法定媒介上对评审结果进行公示，以避免不公正的暗箱操作所产生的法律风险或廉洁风险。同时加强舆情监测，建立舆情应急处置方案，对发现的潜在舆情风险及时反馈沟通，妥善解决。

（四）规范采购档案管理

在采购过程中形成的具有保存价值的文字、图表、声像等形式的全面文件材料，即采购活动归档文件材料，是项目档案的组成部分。采购项目结束后，采购人和招标采购代理机构及时按照《国家电网有限公司采购活动文件材料归档整理移交管理细则》要求、国家以及公司建设项目档案管理规定，分项目单位分别进行整理移交，并纳入项目档案归档，由项目法人单位或者公司建设项目档案管理单位统一保管，保障项目档案的完整。采购活动归档文件材料应确保真实、准确、完整、合规，同时具有可追溯性，为日后审计和备查提供支撑。任何单位和个人不得私自保存应当归档的采购活动文件材料，不得以任何理由拒绝移交或者接收采购活动归档文件材料，不得涂改、伪造采购活动归档文件材料。

采购管理典型风险防控措施见表 4-2。

表 4－2 采购管理典型风险防控措施

风险描述	风险表现形式	防控措施列举
采购方式不合规	对于应公开招标的项目违规采取邀请招标或非招标方式采购	物资部门加强采购方式、采购限额、采购目录等宣贯，在需求计划审查阶段，强化采购方式审核把关，严格执行两级采购目录规定的采购方式。建立非招标审批机制，加强采购计划多部门审批
采购文件编制不规范	（1）专用资质条件设置不合理； （2）排斥限制潜在投标人； （3）未按国家要求设置投标人资格条件	（1）加强招标文件审核：重点对是否限定或者指定特定的专利、商标、品牌、原产地或者供应商，是否以特定行政区域或者特定行业的业绩、奖项作为加分条件或者中标条件，是否将国家已经明令取消的资质资格作为资质业绩条件、加分条件等审查。 （2）建立采购策略线上管控机制：将"资质业绩条件"固化在电子商务平台（E-Commercial Platform，ECP）中，总部和省公司定期维护，若新增未固化的"资质业绩条件"，需项目管理部门编制固化申请及佐证材料，经两级集中采购管理部门复核审批后，予以固化应用
供应商串通投标	供应商为谋求中标而采取的围标、串标行为	（1）提高评标专家履职能力：建立围串标行为培训课程，组织评标专家针对围串标行为判定开展法律法规、行为表现、认定标准、系统操作等内容培训，有效防范供应商围标串标合规风险； （2）加大不良行为处理力度：对于存在围串标行为的投标人加大不良行为处理力度，对投标人形成更强力的震慑
专家出席管理不规范	投标单位人员作为评审专家出席评审活动，同时该单位在该批次中中标	明确评委会组建、专家抽取方案事前审批模式，落实各级责任，防范风险；在 ECP 系统上贯通人资系统信息，提取专家工作岗位信息，自动冻结岗位变动到产业单位的评标专家，禁止其参与相关联的招投标工作
评标专家评审不规范	评标专家履职不严，打分结果存在重大偏差，应否未否	（1）加强评标专家培训，减少因专家不负责、不认真而造成的应否未否等人为失误； （2）加强评标过程管控，加强专家评审过程监督管理，对专家履职情况进行考核； （3）加强评标专家库管理，每年对评标专家库专业情况进行统计分析，对紧缺专业专家及时补充，确保专家专业类别全覆盖
定标不规范	未遵循评选结果，违规定标，或定标程序不合规	（1）严格执行《国家电网有限公司采购业务实施细则》确定综合排名第一的投标人为中标候选人； （2）严格履行评标专家、法律顾问、评标委员会主任审批程序，确保定标流程及手续规范，强化制度刚性执行，必须通过招投标工作领导小组会议定标
采购归档资料不规范	采购活动资料归档不完整，归档资料理解有偏差	执行归档资料三级审核，严格落实评标过程资料归档前、中、后审核要求，确保招标采购活动过程资料的完整性、准确性、规范性

三、合同管理风险防控

合同管理风险主要来自合同签署、履行、变更（含中止、解除）和违约纠纷等，主要表现为合同文本不规范、未及时有效签订合同、供货计划与实际需求脱节、数量增减幅度超出双方约定范围、质量不合格等违约风险。公司通过统一合同文本、统一合同签订、加强合同履约、严控合同变更、加强合同违约及纠纷管理，在电子商务平台、经法系统进行起草签订、审核会签，实现合同在线办理，提升风险防控能力。

（一）统一合同文本

构建标准化合同文本库，统一合同文本管理。针对不同类型合同，制定标准合同范本，严格合同模板的应用，从提升合同文本的标准化、规范化角度出发，集成囊括合同协议书、合同通用条款、合同专用条款、合同附件等内容的各类合同文本，固化文本格式，形成标准化合同文本库。同时根据新形势要求，按照"一年一修订、一次管一年"的原则，综合考虑合同修编意见、最新法律法规要求、企业制度标准变更情况等，对合同条款进行准确修编、迭代更新。实现合同文本"随需随调随用"，有效缩短合同起草时间，杜绝文本不规范风险。

（二）统一合同签订

统一合同签订管理，依据中标结果，在约定时间内完成合同文本在线确认、审查流转、电子签署。借助国网电子商务平台互通联动功能，将起草的合同文本通过平台推送至供应商侧审核。借助数智化法治建设平台（经法系统）会签审核功能，完成各业务部门、财务部门、法律部门审核完，经分管领导及主要负责人审批后，生成合同编号，自动回传至企业资源管理系统（Enterprise Resource Planning，ERP）与国网电子商务平台。借助国网电子商务平台的内外网双轨制运行模式，运用数字签章技术，甲乙双方并行签章，在线完成合同签署，在经法系统、ERP系统同步生效。缩短合同签订时间，减少合同签订差错，提高合同签订工作效率，有效法律风险。

（三）加强合同履约

合同生效后，物资部门及时组织项目管理部门（建设管理单位）、供应商等相关单位，根据工程里程碑计划、现场实际需求、生产运输周期和合同交货期，梳理确认物资供应计划。通过合同在线履约机制，实现业务各方在线开展需求确认、图纸传递、履约协调等工作。依托电力物流服务平台（Electrical Logistics Platform，ELP），实现运输可视监控，保障优质履约。物资到货后，联合开展工程现场物资到货验收工作，防范违规换货、虚假到货风险。利用电子签章、移动互联网等现代信息技术，实现货物交接单、货物验收单、质量保证期届满证书或结清款支付函等履约单据的在线流转与电子签署。同时，对于履约过程中出现的问题，及时沟通协调，防止因信息不对称、生产情况变化导致不能按时供货的风险。

（四）严控合同变更

加强供应链合同一体化管理和闭合管控机制，有效管控合同生效后出现合同变更、违约、中止、解除等异常情况，保障供应链履约流程清晰可溯、风险点在线监控。合同变更需执行"两单一协议"（审核技术变更单、商务变更单，签订补充协议），制定完全符合业务制度的判定规则，按品类管控变更幅度，分层级实行变更审批，实现全流程、全业务的可视化管控和协同化处理。同时，对长期未履约合同建立常态化监控预警及动态清理机制。物资合同履约中合同需要进行变更及解除，需要根据变动的实质性条款，依法与供应商签订补充协议，完善各方事宜，避免法律纠纷引起的法律风险。

（五）加强合同违约及纠纷管理

强化合同履约管理与执行监督，深入推进物资专业与财务、法律业务相融合，建立"业＋财＋法"协同的合同违约及纠纷管理机制。供应商发生违约行为后，物资部门组织专业部门、法律部门约谈供应商，对违约事实进行确认后签署物资合同违约事实确认单；若供应商无正当理由未参加或不配合约谈，留存通知约谈供应商相关佐证资料后，签署物资合同违约事实确认单。同时，编制、审批物资合同违约处理确认单，对供应商执行索赔。供应商违约符合供应商不良行为处理要求的，纳入不良行为处理。

合同履约管理典型风险防控措施见表 4-3。

表 4-3　　　　　　　合同履约管理典型风险防控措施

风险描述	风险表现形式	防控措施列举
合同文本不规范	（1）合同模板使用不合理	加强合同统一文本的学习和宣贯，依法依规合理使用合同文本，保障合同签约规范性；加强合同文本的内容审核、定期归档等工作，设置多级审核、抽检等
	（2）合同拟定内容不准确	加强合同签订过程管理：严格按照招标文件和中标人的投标文件签订物资合同，不得签订背离合同实质性内容的其他协议；物资合同签订前，应认真核对中标通知书、招投标文件、澄清修改等采购结果；若出现招投标文件技术、商务文件内容不一致，系统数据传输不一致等情况，按照流程及时申请差异处理
合同签订不规范	超期签订合同	依据中标结果，加强合同签订流程管控，对承办人员以周为单位定期提醒，对超 25 天未签订合同进行警示提醒；超 30 天需说明原因
合同履约不规范	供应计划不合理，导致供应不及时或物资无法收货	完善合同履约跟踪管理机制，建立履约人员与需求单位及供应商之间的联络机制（履约协调会等），根据工程里程碑计划，及时对接、掌控物资生产、运输和交货情况，实现物资供应与到货需求的有机衔接
合同变更不规范	（1）供应数量变化变更不规范	严格合同变更管理，规范履行"两单一协议"流程，严格合同变更审核
	（2）合同长期未履约，解除不规范	严格合同解除审批手续，按规定程序办理；加强与项目管理部门沟通协调，及时掌握合同履约情况，对于长期未执行合同进行预警督办
合同违约处理不规范	因供应商原因延期交货，未按照合同约定违约追责	严格合同依法履约，对供应商违约行为依据合同约定，进行约谈、索赔处理；对违约行为符合供应商不良行为处理要求的，纳入不良行为处理

四、仓储配送管理风险防控

在仓储管理环节中，存在物资损坏、丢失或被盗等安防、消防管理等风险；在库存账卡物管理过程中，存在物资出入库不规范、账实不符、物资积压等风险；在物资配送环节中，存在信息不透明、运输管控不足、配送效率低下等影响供应链正常运营风险。公司推进仓库标准化建设、落实库存"一本账"管理、完善物资配送模式，降低仓储配送管理风险。

（一）推进仓库标准化建设

建立仓库标准化制度，对库房货位设置、库容库貌、物资保管保养、物资标签（牌）分类、物资摆放等制定相应规范，并严格执行。建立和完善仓库防火、防洪、防盗、防损、防破坏等防救安全制度，制订各种防救预案，定期演练，确保仓库安全。库内装卸吊装、运输等物流装备应由专人保管使用，定期检查、保养，及时维修，严禁带故障使用和违章操作。库存物资遵循"保质可用"的原则，应定期检查、及时检验，确保库存物资质量完好、随时可用。利用动态考核和日常精细化巡查的形式，开展仓库安全检查及隐患排查，不断发现问题，解决问题，杜绝安全隐患，有效防范仓库管理漏洞造成公司财产损失，保障物资供应的安全和稳定。

（二）落实库存"一本账"管理

公司库存物资资源全部纳入ERP系统统一管理，实现库存信息"一本账"。建立健全仓库作业操作手册，规范物资验收入库、储存保管、调拨出库、稽核盘点、库存报废及物资退库等工作流程，确保物资流动的合规性、透明度和有效性。合理确定仓储物资储备数量、优化储备策略、防止物资积压。应定期组织库存物资盘点，并根据实盘数量分析盘点差异原因，编制盘点差异报告。加强仓库日清日结的业务管理及员工业务技能培训，全面落实库存物资的"账、卡、物"一致性管理，减少盘盈、盘亏情况，及时对出入库记录不规范、库存物资账卡物不相符等行为进行纠正和规范。常态化开展抽查、专项检查，以查促改，帮助物资从业人员树立作业底线思维，有效防范仓库账卡物管理风险。

（三）完善物资配送模式

建立差异化的物资运输和配送模式，完善配送过程信息透明度及管控措施，提升配送效率，确保公司生产和运营顺利进行。对于紧急配送和有特殊要求的配送业务，建立企业内部自有配送公司，以便及时满足要求；同时充分利用第三方配送资源，选用优质可靠的承运商，建立长期稳定的合作关系，提升整体配送服务质量，满足业务需求，降低配送成本，提高配送效率。依托电力物流服务平台（ELP），实时监控物流运输轨迹及车辆运输状态，在线协调现场收货准备，提升物流管理水平，掌握物资发货、到站等关键节点信息，保障物资配达。

仓储配送管理典型风险防控措施见表4-4。

表4-4 　　　　　　　　　　仓储配送管理典型风险防控措施

风险描述	风险表现形式	防控措施列举
仓储安全管理不到位	（1）仓库安防管理不到位	每年制订库房维护保养计划，每半年进行一次仓库保养状态检查，存在防火、防盗、防潮等隐患问题，及时开展仓库修缮
	（2）仓库消防设备配备不齐全	定期组织开展仓库消防安全检查，排查消防安全隐患，对不符合消防、安保配置标准的及时提报专业管理部门并要求其予以配置
	（3）仓储设施设备、物资保养维护不规范	定期对仓储设施设备进行检查、保养、维护，切实满足仓储作业需要；加强库内物资存储安全和保管安全，杜绝自然灾害对库存物资的损害
仓储基础管理不规范	（1）账实不符，有账无物或有物无账	（1）加强仓储业务审核办理，开展常态化ERP系统数据监控和飞行检查，对实体库库存物资账实一致、代保管库规范性进行检查和通报，并将问题单位纳入业绩考核； （2）建立多维盘点机制，按月、季度、半年度分别开展专项盘点工作，邀请财务部门参与并在ERP中建立盘点台账，确保仓库账实一致
	（2）盘点不规范，业务手续办理不规范	（1）开展仓库盘点检查：每月上传盘点报告，定期在供应链月报中进行盘点工作的通报和考核； （2）开展盘点完整性、差异性线上校验：完善ESC系统物资盘点功能，根据盘点计划和盘点单信息、盘点单明细以及线上实际库存明细信息录入盘点信息，可一键生成盘点差异报告，上传盘点报告，并在运营月报中通报各单位盘点情况
	（3）库存物资积压	（1）加强物资计划源头管理，与专业部门协商沟通，开展平衡利库；积极与其他单位沟通，进行调配利库，防止物资积压。 （2）对已积压的物资进行梳理，集中组织开展技术鉴定，对不可用物资加快报废处置；对可用物资，定期向项目部门发布可利库资源信息，严格执行"先利库、后采购"，逐步消耗积压
虚假出入库	（1）虚假入库，物资实际未到先行办理验收入库手续	（1）规范物资验收入库、出库工作流程，确保物资流动的合规性。强化跨专业协同机制，优化"两金"压控，科学下达财务预算，从源头避免发生虚假出入库作业。
	（2）虚假出库，以提高项目资金完成率，降低库存	（2）建立联合检查机制，审计、财务、物资部门常态化开展抽查、专项检查。加大供应链运营监控力度，发现可疑问题、数据及时督办整改
配送管理不规范	配送不及时，货物交接单、到货验收单时间与实际情况不符	物资部门汇总配送需求，制订配送计划并实施配送。加强对重点物资配送过程管控，可通过ELP平台，或GPS、电话、短信等多种方式，确认车辆状态和位置，监控配送过程，确保物资及时、准确配送到指定现场

五、质量监督管理风险防控

质量监督管理中，在设备监造中存在资质不规范、人员责任心不强、执行不力等风险；在质量抽检中存在抽检方式不合理、检测不及时等风险；在质量问题处理中存在处理不及时、措施不当等风险。公司强化全寿命周期下设备运行质量管理，建立质量管理体系，加强设备监造过程管控、规范物资抽检管控，严肃质量问题处理闭环，推动采购设备"好中选优"，驱动电网设备运行的健康稳定，提升电网本质安全。

（一）加强设备监造过程管控

公司可委托专业监理公司或者派遣本单位监造单位实施监造。明确监造相关职责，确保监造单位、总监造工程师、监造工程师、监造员符合相应的资质要求，并认真进行资质业绩核实。健全监造人员考核及责任追溯制度，对派往现场的设备监造工程师资质要进行验证，对发现资质不符的监造单位、监造人员，严肃追究相关责任人员的责任。对于监造工作中发现质量、进度及其他违约行为问题，应根据设备监造流程督促制造厂及时整改、上报监造委托方等方式处理；监造过程中发现的重大问题情况，需纳入监造报告，作为供应商绩效评价及资质能力信息核实的依据。对于相关人员要加强法律培训，严防失职渎职、不作为或利用职务之便为供应商谋取不正当利益的情况发生，防范设备质量安全问题及隐患。

（二）规范物资抽检管理

根据总部、省、地市三级物资质量检测体系，健全各类物资抽检方式，严格执行抽检定额，确保"三个百分百"全覆盖。合理制订电网物资A、B、C类项目抽检计划并严格执行，对问题较多、故障率较高，中标量较大、中标价格偏低，新入网及采用新技术、新材料、新部件、新工艺等电网物资，应增加抽检比例。加强抽检取样、封样、送样及检测过程管理，确保抽检工作规范、客观、公正。检测单位在收到样品后的规定工作日时限内完成检测，完成检测报告的编制以及电子商务平台上传、送达工作。防范抽检计划制订不合理、抽检过程管理不规范、抽检结果反馈不及时等风险。

（三）严肃质量问题处理闭环

物资部门在收到不合格检测报告需及时组织供应商质量问题约谈，约谈中应明确问题产生原因及影响，对质量问题进行分类分级、明确处理和整改事项，并由供应商进行现场确认，形成约谈记录表。抽检结果依据《国家电网有限公司供应商关系管理办法》《抽检工作规范》及合同违约责任条款，对产品抽检不合格的供应商进行相应处理。对抽检产品关键性能指标不满足合同要求或出现批量产品不合格情况，须按照合同约定及《抽检工作规范》进行抽检不合格问题分级分类处理；对不影响安装调试进度，预期投运后不遗留安全隐患的轻微质量问题，可督促供应商进行现场修复，整改情况需要项目管理部门及物资管理部门验收确认；对抽检发现的Ⅲ、Ⅱ、Ⅰ级质量问题，需按相关规定进行相应不良行为处理。

质量监督管理典型风险防控措施见表4－5。

表4－5　　　　　　　　质量监督管理典型风险防控措施

风险描述	风险表现形式	防控措施列举
监造管理不规范	（1）应监造未监造或者未按要求进行监造	在ECP2.0实现监造计划下达、监造报告提交功能，根据监造计划增加预警功能
	（2）监造专家管理不规范，监造不严格、违反纪律规定	对监造专家开展业务培训及纪律教育，推动专家规范管理，提升监造专业技能水平及廉洁意识；对监造专家管理不规范相关责任人进行严肃考核，取消监造专家资格
关键点见证工作质量不高	选择见证的关键点针对性不强，关键点见证实施方案中的见证目标、见证范围、见证内容不明确，影响了见证工作质量	严格按照有关规定，制订关键点见证实施方案，注重方案的可操作性，明确见证范围及主要内容。监造单位应严格执行方案要求，确保监造工作到位；建立严格的追责制度，发现因监造不到位导致的质量问题时，追究监造单位与供应商的违约责任，要求监造单位和供应商支付相应的违约金
抽检计划制订不合理	物资抽检批次覆盖不全；或先出库后检测，影响电网安全	（1）合理编制抽检计划，确保抽检计划刚性执行，建立长效机制，促进检测批次全覆盖。（2）加强物资需求计划管理，督促项目单位将工程实施进度与物资供应时间有机结合，确保物资及时供应且有足够的检测周期；加强抽检物资跟踪管理，确保到货物资抽检合格后领用出库
抽检过程管理不规范	（1）取样、封样过程不规范	取样、封样为现场工作，增加工作记录仪，搭建统一监控平台，实现取样和封样工作全过程记录
	（2）送样工作不及时	加强抽检物资跟踪管理，确保到货物资及时送检；在ECP2.0中，增加送样时间的提醒功能和超时预警
质量问题处理未闭环	（1）抽检不合格问题未处理（2）抽检不合格问题处理未闭环	规范质量问题提报、约谈、处理、整改的职责和流程，在ECP2.0的合同管理模块，对于出现不合格问题的采购订单中，增加供应商换货、违约金缴纳校验、供应商评价校验功能，未按上述要求完成可及时发出工作提醒

六、供应商关系管理风险防控

供应商关系管理主要包括供应商资质能力信息核实、供应商评价、供应商不良行为处理、供应商分类分级管理、供应商服务等内容。在供应商资质能力核实中，存在核实专家或管理人员违规接收贿赂或宴请、娱乐等廉洁风险，资质能力核实不全面、不严格的风险；在供应商绩效评价中，存在评价结果参考性不强、评价信息库未及时更新导致评价结果参考性不强等风险；在供应商不良行为处理中，存在处理不合规或不公正的风险。公司全面落实供应商资质能力核实管理，健全完善供应商绩效评价体系，严肃供应商不良行为处理，防范供应商关系管理风险。

（一）全面落实供应商资质能力核实管理

资质能力信息核实分为文件核实和现场复查，核实内容主要包括供应商的基本信息、财务信息、报告证书、产品业绩、设计研发、生产制造、试验检测、原材料/组部件管理、售后服务和产品产能等。公司制定核实目录范围供应商资质能力信息核实规范，并定期组织开展核实工作，在开展供应商资质能力信息核实工作时，成立资质能力信息核实委员会，成员一般由物资部门以及有关技术、经济等方面的专家组成，随机抽取的专家人数应占总人数的 2/3 及以上。供应商资质能力信息核实由物资监督人员进行全程监督，有效规避供应商资质能力核实工作中存在的廉洁风险。核实专家在工作过程中应严格执行核实标准，客观反映供应商现场实际情况，确保核实信息收集全面准确。资质能力信息核实情况应经供应商确认后，在招标采购活动中应用。

（二）健全完善供应商绩效评价体系

物资部门牵头开展供应商评价工作，定期收集、整理、统计、分析供应商合同履约、产品（服务）质量等相关信息，及时更新供应商绩效评价信息库。相关专业部门按照"谁使用谁评价、谁主管谁负责"的原则，负责制定相应的供应商评价标准，建立供应商评价信息收集常态机制，组织开展评价并及时向物资部门反馈供应商评价结果，信息应真实、可追溯。供应商评价结果包括各维度得分、综合得分和供应商综合等级，评价结果由物资部门进行公示。公示后应用于后续招标采购，有效降低招标采购过程中因评价结果参考性不强、评价信息库未及时更新导致评价结果参考性不强风险。

（三）严肃供应商不良行为处理

公司遵循"公平公正，严格规范"的原则，对供应商供应的物资在全寿命周期内发生质量问题，以及对供应商在参与资质能力信息核实、招标采购活动、合同履约过程中存在诚信、交货、服务等方面存在的问题，根据《国家电网公司供应商不良行为处理管理细则》进行处罚，维护企业合法权益。物资部门严格不良行为信息收集、审核、发布等环节管控，并在电子商务平台公告处理结果。加强不良行为处理，根据不良行为的严重程度，对供应商在招标采购中采取扣减评标分值、暂停授标、列入黑名单等处罚措施，"一处受罚、处处受制"，确保招标工作公平、公正、公开，防范经营风险、廉政风险及法律纠纷风险。健全"熔断机制"，充分发挥震慑作用，引导供应商重质量、讲诚信。

供应商关系管理典型风险防控措施见表 4-6。

表 4-6   供应商关系管理典型风险防控措施

风险描述	风险表现形式	防控措施列举
供应商资质能力核实管理	（1）在供应商资质能力核实中，核实专家或管理人员违规接受贿赂	对评审专家或管理人员开展业务培训及廉洁教育，提升人员廉洁意识；对涉及违规接受贿赂的专家进行严肃问责与考核
	（2）核实工作未按标准开展，资质能力核实不全面、不严格	（1）核实专家在工作过程中应严格执行核实标准，客观反映供应商现场实际情况，确保核实信息收集准确； （2）核实专家应重点对资质业绩、生产设备及相关报告信息真实性进行复核，防止出现虚假业绩及报告等信息带入评标环节； （3）对导致对招标结果产生影响所涉及专家进行问责与考核
供应商管理不规范	（1）未按要求开展供应商评价； （2）供应商绩效评价不严格，评级结果应用不充分	（1）严格落实《国家电网有限公司供应商绩效评价管理细则》相关要求，按期开展供应商履约评价工作，并与采购环节联动。 （2）制定绩效评价结果应用规则，落实评价结果应用，并在采购批次中加以应用；动态开展供应商优选劣汰工作，充分应用约谈、曝光、黑名单等多种形式严格供应商管理
供应商不良行为处理审批与发布不规范	（1）物资存在质量问题，未对供应商进行上报处罚和督促整改	加强《国家电网有限公司供应商不良行为处理管理细则》的宣贯培训，明确供应商不良行为提报、约谈、处理、整改的职责和流程；按月编制供应商不良行为提报、收集、核实和处理情况报表。对供应商不良行为的处理结果在电子商务平台进行公告
	（2）对不良行为的供应商在地市层面进行了通报及处罚，未上报省公司统一进行处罚	按照《国家电网公司供应商不良行为处理管理细则》规定，由省公司按照相关程序对不良供应商进行处罚，并在电子商务平台进行公告，对供应商在招标采购中采取扣减评标分值、暂停授标、列入黑名单等处罚措施，维护企业合法权益

七、应急物资管理风险防控

应急物资管理中，存在储备定额设定不合理导致储备不足或库存积压风险，应急需求响应不及时、应急物资管理培训与应急保障演练不到位风险。为降低风险，公司完善应急物资储备定额，完善应急响应机制，加强应急管理培训与应急保障演练，确保应急状态下物资及时供应。

（一）完善应急物资储备定额

物资部门结合专业部门应急需求，开展应急储备物资采购、存储、周转、补库等工作。专业部门落实储备物资项目及资金，制定应急储备物资目录，明确应急储备物资品类和定额，并每年进行修订。公司综合考虑地域特点、历史灾害等因素，落实应急物资在库管理，就近存储在物资库、专业仓。各专业部门建立应急储备物资的日常检查、定期保养与动态周转机制，按保养周期对应急储备物资开展维护保养，确保状态优良、随时可用。实现应急物资管理常态化，避免应急物资储备不足风险。

（二）完善应急响应机制

公司建立总部、省、地（市）三级联动的应急物资运作机制，有效应对突发事件，完善"日常准备、预警响应、调度指挥、总结评估"机制，确保应急状态下物资快速供应。发生应急事件，事发单位应立即启动应急物资保障响应，应急保障人员在规定时间内到达应急物资保障指挥中心值守。物资部门主动对接专业部门、物资供应商、协议物流商等，针对灾害特点、范围、规模、严重程度等，制定应急物资保供工作措施，组织做好"全天候、全时段"物资保障服务，确保物资配送及时到位，开展跨层级、跨专业、跨省全量资源统筹调配，支撑电力保障和抢险救灾，规避应急物资供应不及时风险。

（三）加强应急管理培训与应急保障演练

公司针对应急物资保障规章制度、相关规定，以及对突发事件的应急处置程序和方法等方面，采取多种形式对员工进行培训，例如以岗代培、以学代培等，以提升应急物资保障工作的组织协调能力。加强应急保障演练，模拟应急物资需求计划收集、物资调拨、物资采购和物资装运全过程运作，系统地检验应急物资保障工作机制的有效性，及时发现并改正应急工作中的缺陷和不足，解决各方协同配合等问题，增强预案的科学性、可行性和针对性，提高快速反应能力，避免因未能及时响应应急物资调拨需求，造成应急物资调拨供应不及时、不准确的情况，降低应急物资管理效率风险。

应急物资管理典型风险防控措施见表 4-7。

表 4-7　　　　　　　　　应急物资管理典型风险防控措施

风险描述	风险表现形式	防控措施列举
应急物资储备定额不合理	（1）应急物资储备定额不合理，备品补库不及时	（1）制定物资库、专业仓应急物资储备定额，明确应急储备物资品类和定额，每年修订更新；应急储备物资耗用后，根据耗用情况及时补库
	（2）储备物资在库时间较长，未及时开展轮换与维护保养工作	（2）建立应急储备物资的日常检查、定期保养与动态周转机制，按保养周期对应急储备物资开展维护保养，确保状态优良、随时可用
应急需求响应不及时	突发紧急情况时，物资不能及时领用，存在延误紧急突发事故处理的风险	建立应急物资保障组织体系，成立应急物资保障工作组。发生应急事件，立即启动应急物资保障响应，主动对接专业部门，制定应急物资保供工作措施，落实24h值班制度，确保物资配送及时到位
应急培训演练不到位	人员对应急事件处置不熟悉，跨区调配不会系统查询、操作	各级物资部门制订人员培训和演练计划，定期组织开展应急培训和应急演练工作，及时解决演练过程中发现的问题，平时准备、灾时保障

八、废旧物资管理风险防控

废旧物资管理，存在拆旧物资回收不及时或未足额回收、废旧物资处置手续不完备和报废物资长期未处置等风险。公司加强项目源头拆旧计划及鉴定退库过程防控，加强废旧物资处置监督，有效降低废旧物资管理风险。

（一）加强拆旧计划源头管控

加强项目拆旧计划源头管控，在项目源头创建拟退役物资清单及拆除计划，明确拆除资产拟处置方式（报废或再利用），形成拟拆除资产清单及初步处置意见。在拆除过程中对拆旧物资进行实物清点，形成拟拆除资产对比清单，监理单位进行现场监督。对于因特殊情况无法做到足额回收的，项目管理单位组织施工单位做好现场取证工作，出具差异情况说明，有效降低废旧物资未足额回收风险。实物资产管理部门提前统筹安排退役资产、退出物资技术鉴定、报废审批以及退库工作，避免因鉴定、报废不及时导致废旧物资长期滞留施工单位、变电所、供电所等场所，降低退库不及时风险。

（二）规范废旧物资报废审批手续

严格落实废旧物资鉴定、报废、移交审批职责。实物资产报废审批按照"分级分专业"原则开展。实物使用保管单位应及时提出报废申请，编制固定资产报废审批表，实物资产管理部门、财务部门加快报废审批手续办理，报废审批手续原则上应在资产拆除后 2 个月内完成。固定资产报废内部审批程序完成后，报送财务部门办理资产清理手续，同时向物资部门申请报废物资处置。对不满足技术条件或已到保质期限的库存物资由物资管理部门提出报废申请，组织有关专业的专家开展技术鉴定后，办理审批手续，进行废旧物资处置。定期开展废旧物资规范性检查，有效防范废旧物资报废审批手续不规范风险。

（三）加强废旧物资处置监督

合理制订报废物资处置计划，规范废旧物资处置计划申报、审查、竞价等过程，防止废旧物资处置不及时风险。加强废旧物资全流程管控及监督，加大废旧物资管理专项检查频次和力度，重点检查资料的规范性、完整性及时账实一致性，以检查促进基层废旧物资管理水平提升。对长期未办理报废移交手续的废旧物资进行监控预警，对未及时处置的废旧物资进行预警督办。加大对废旧物资处置规范性和合理性的奖惩力度，有效降低废旧物资工作中的法律风险、廉洁风险。

废旧物资管理典型风险防控措施见表 4 – 8。

表 4 – 8　　　　　　　　废旧物资管理典型风险防控措施

风险描述	风险表现形式	防控措施列举
拆旧物资未足额回收或回收不及时	拆旧物资数量与计划不一致	在项目源头创建拟退役物资清单及拆除计划；在拆除过程中对拆旧物资进行实物清点对比，监理单位进行现场监督；对于因特殊情况无法做到足额回收的，出具差异情况说明
	拆旧物资长期滞留施工单位，退库不及时	实物资产管理部门提前统筹安排退役资产、退出物资技术鉴定、报废审批以及退库工作，避免因鉴定、报废不及时导致废旧物资长期滞留施工单位、变电所、供电所等场所，降低退库不及时风险
废旧物资处置手续不规范	废旧物资鉴定、报废手续出错或者不完备	（1）加强废旧物资鉴定报废审批流程：依托废旧物资处置单据电子化，规范废旧物资鉴定、报废、移交流程，实现废旧物资单据痕迹化管理； （2）定期开展废旧物资规范性检查：对退出退役计划编制、报废审批、实物移交等关键环节由公司审计部、监察部、财务部、实物资产管理部门联合开展专项检查
废旧物资处置不及时	废旧物资报废审批受阻，实物移交物资库后长期未办理报废、移交手续，无法申报竞价处置	（1）严格执行废旧物资管理制度，定期开展退出退役实物清点清理、报废处置工作，加快退出退役资产周转，杜绝废旧物资库存积压； （2）定期开展拆旧物资规范性检查，对长期未办理报废移交手续的废旧物资进行监控预警，对未及时处置的废旧物资进行预警督办

九、评标专家管理风险防控

评标专家管理，在专家库建设过程中存在专家入库标准不严格、信息更新不及时风险，在专家抽取过程中存在抽取合规性、专业技能及廉洁保密等方面风险，在评标过程中存在评标手段的落后或不完善风险。公司通过加强评标专家库建设、加强专家业务能力培训与监督管理、加强信息化手段信用等措施，建立公开透明的选择程序，明确评价标准，激励专家履行职责，提升专业素养和廉洁意识。

（一）加强评标专家库建设与管理

评标专家及评标专家库的建设遵循"统一平台、分级应用、资源共享、动态管理"的原则，由公司统一部署。进入评标专家库的专家应具有相应的资格条件，通过相应的审批程序后，由公司按照业务能力和评标经验划分为"资深、A 级、B 级"三个等级进行管理，实行等级晋升或降低制度。评标委员会的专家需要通过专家库，按照事先确定但不超过 1:3 的比例随机抽取。评标过程中，须严格执行专家回避制度，专家不能参与有利益关系的项目评标。

（二）加强培训与监督管理

公司需加强评标专家的培训与监督管理，以增强评标专家的廉洁意识和履职能力。公司总部招标代理机构统一安排评标专家的教育培训，各单位招标代理机构负责配合开展本区域内评标专家的培训工作。评标专家培训可采取集中培训、评标现场培训和日常培训相结合的方式，培训内容涵盖招投标法律知识、评标业务知识与实际操作技能、廉洁从业相关要求等。通过培训项目，帮助评标专家不断更新专业知识、提高业务技能。此外，公司根据"业务能力、工作态度、廉洁纪律"对评标专家进行日常考评、季度考核和年度考核，建立同行评审机制，使评标专家相互借鉴、共同进步，提升专业素养和廉洁意识。

（三）加强信息化手段应用

评标专家的抽取与通知工作应由专人负责，配备专用电脑、录音电话等设备，在规定的时间内和保密环境中完成。利用现代化信息技术手段可以有效提升评标工作的效率和公正性。例如，建立完善的评标管理系统，实现从专家抽取、评审过程到结果公示的全程电子化管理。此外，通过大数据分析技术对评标过程进行实时监测与预警，及时发现并遏制不良行为。引入违规行为记录及黑名单制度，对于发现的违规行为，应依法严肃处理，加大处罚力度，形成有效的震慑力。

评标专家管理典型风险防控措施见表4-9。

表4-9　　　　　　　　　评标专家管理典型风险防控措施

风险描述	风险表现形式	防控措施列举
评标专家库管理不规范	评标专家入库不合规，不合规专家入库	（1）严格评标专家入库管理，严肃入库资质审查，开展相关业务培训，确保评标专家入库合规； （2）全面核查现有评标专家库，对不符合评标专家入库条件的人员，做退库处理
评标专家抽取、更换不规范	评标专家抽取不合规，或指定评标专家	（1）合理制订专家抽取方案，确保专业对口、工作量适当，专家组长专业水平高、协调能力强，确保评审质量和进度； （2）评标专家抽取在保密环境中完成，抽取过程全程在线监督，严格执行专家回避制度
	专家更换程序不合规	严格执行国家电网公司评标专家管理细则，规范专家抽取、出席及更换要求
专家业务能力、廉洁意识不过关	专家业务水平不过关，评分异常	组织专家开展评标前培训，针对采购项目的概况、资质业绩要求、评审办法和标准等进行重点培训，确保参与专家熟悉采购要求；确保其具备相应的专业素养
	违反廉洁纪律，收受贿赂或进行利益输送	对评标专家开展廉洁教育，提升人员廉洁意识；加大考核力度，对涉及收受贿赂或进行利益输送的专家进行问责与考核

十、供应链运营管理风险防控

供应链运营管理中，存在预警不及时导致公司无法及时应对潜在问题的风险，存在供应链数据泄露、网络攻击和其他安全风险。公司建立供应链运营应急预警机制，加强供应链数据和网络安全管理，降低供应链运营管理风险，确保供应链的稳定和可靠运行。

（一）建立供应链运营风险监控预警响应机制

公司依托供应链运营平台，按照"分级管理、持续优化"原则，动态更新风险清单和风险监控指标库，实时监控供应链业务运营合规性和运营效能，主动识别内外部风险和异常，建立监控预警与风险事件处理协同运作机制。供应链运营平台贯通公司应急指挥系统，根据监控场景问题的严重程度和紧急程度，设置差异化预警等级，自动判定预警事件，自上而下逐级发布应急预警信息。确保公司在紧急情况和风险事件发生时能迅速做出反应，保障供应链运营业务正常进行。

（二）加强供应链数据和网络安全管理

物资部门会同信息通信管理部门按照"谁主管谁负责，谁运行谁负责，谁使用谁负责"的原则，通过制定和实施相关安全策略和措施，明确职责分工，落实数据安全责任，确保数据在收集、存储、使用、加工、传输、提供、公开等环节的安全与合规。加强供应链运营网络安全管理，保护供应链中的敏感信息和关键数据，防范数据泄露、网络攻击和其他安全风险，维护供应链的合规性和可信度，保证数据和网络安全风险可控、能控和在控。

供应链运营管理典型风险防控措施见表4-10。

表4-10 供应链运营管理典型风险防控措施

风险描述	风险表现形式	防控措施列举
未发布预警信息、启动预警响应	未及时发布预警信息、启动预警响应，因应急物资保障不到位导致事故扩大	建立供应链应急预警机制和响应流程，及时发布预警信息、启动预警响应，保障供应链运营业务正常进行
供应链数据保护和管理风险	未履行数据保护和管理要求	公司收集、使用各类业务数据、信息资料过程中，遵循法律规定的收集、使用规则，遵循公司的秘密管理规定，遵循国家秘密核心商业秘密、普通商业秘密、工作秘密的分类标准履行保护和管理要求
	违规发布或传输信息	根据法律、行政法规，禁止发布或者传输的信息，防范数据泄露、网络攻击和其他安全风险

十一、从业人员廉洁风险防控

物资管理过程中，因从业人员不当行为或管理漏洞，在招标采购、供应商管理、废旧物资处置和库存管理等多个环节存在廉洁风险，导致企业面临经济损失、声誉损害、法律纠纷等可能性。公司加强源头风险防控、落实主体责任，加强队伍建设、开展廉洁警示教育，加强协同监督、常态化开展监督检查，提升从业人员廉洁责任意识，严肃查处违纪违法行为，降低廉洁风险的发生。

（一）加强源头风险防控，落实主体责任

坚持"严"字当头，落实廉洁风险防控主体责任，签订从业人员廉洁保密承诺书，明确岗位廉洁保密责任，完善廉洁风险防范机制建设。采用防控结合的方式，从源头梳理制定廉洁保密风险防控手册，督促防范措施的落地实施。严格责任追溯，明确考核制度，针对招标采购、供应商关系管理、供应商绩效评价、物资质量监督、废旧物资管理、仓储管理等过程中发现的廉洁问题，严肃追究责任，做到"不理清事实不放过、不明确责任不放过、不落实责任不放过"。问责一个，警醒一片，将廉洁问题作为绩效考核的主要内容并纳入廉洁档案。

（二）加强队伍建设，开展廉洁警示教育

深入开展廉洁警示教育及廉洁从业培训，引导物资从业人员树立廉洁自律思想，提高抗腐拒变能力。强化理论学习，努力提高理论素养，切实增强反腐倡廉的严肃性和自觉性；强化业务学习，努力提高工作水平，更好地履行自己的工作职责；强化履职素质，努力提高实践能力，依法依规、履职尽责，杜绝物资廉政事件的发生。建立各级领导带头讲廉政党课机制，提升廉洁教育针对性和感染力，推动广大员工不断增强廉洁意识和纪法素养。建设评标基地廉洁教育中心，每批次评标前评标专家必上廉洁教育课。将廉洁教育融入招标采购、质量抽检监造、物资供应等供应链专业培训之中，形成"讲业务，必须讲廉洁"的良好氛围，确保年度廉洁教育100%全覆盖。

（三）加强协同监督，常态化开展监督检查

加强督察机制建设，围绕物资管理核心业务和重点工作，将督察工作有机融入招标采购、仓储管理、废旧处置等业务环节；加强督察队伍建设，开展集中培训，宣贯业务风险及廉洁教育等知识，提高物资人员专业素质和风险意识。重视内部协同监督，加强与监察部门、业务部门的横向协作及专业线的纵向协同，及时掌握苗头性、倾向性问题，实现物资全供应链管理中的协同监督落地。积极配合外部审计、巡查，形成监督合力，督促内部整改，有效预防和控制各业务环节中的廉洁风险。

从业人员廉洁管理典型风险防控措施见表4-11。

表 4-11　　　　　　　　　从业人员廉洁管理典型风险防控措施

风险描述	风险表现形式	防控措施列举
招标采购中的廉洁风险	从业人员对招标采购全流程风险掌控不足、重点问题跟踪治理力度不够、采购活动法律合规性审查不严、信息发布违规损害公司形象、供应商及其利益相关方投诉处理不当，以及从业人员家风不严导致的不正当利益谋取等	（1）加强队伍建设，选派政治过硬、素质过硬、踏实肯干的人员从事招标采购相关工作，并按规定做好相应人员的轮岗交流。建立持续的员工执业行为评价机制，评价结果作为绩效考核重要内容。 （2）加强廉洁警示教育及廉洁从业培训，引导从业人员树立廉洁自律思想，严守党纪国法和准则要求，主动接受并积极配合各类监督检查，严正家风、杜绝谋取不正当利益，增强其廉洁自律意识和专业素质。 （3）严肃责任追究，对从业人员发生违反规定、未履行或未正确履行职责造成公司损失、负面影响和其他不良后果的，按有关规定追究责任；涉嫌违纪和职务违法犯罪的，将有关问题线索移交纪检监察机构
供应商管理中的廉洁风险	供应商资质核实不到位、违规与供应商接触、接受特定管理对象礼品礼金或招待等	对核实专家开展业务培训及廉洁教育，签订从业人员廉洁守则，提升人员廉洁意识。对涉及违规接受贿赂的专家进行严肃问责与考核
废旧物资处置中的廉洁风险	管理人员私自处置废旧物资、谋取私利，废旧物资不能足额回收	各级财务、审计、监察等部门加强对废旧物资管理的监督，严格开展废旧物资处置工作审计和监察，对发现渎职、泄密或营私舞弊行为，一经查实按有关规定严肃处理
库存管理中的廉洁风险	出入库管理不规范、实物盘点不到位、结余物资未退库、私自允许其他企业使用仓库、私自出售库存物资等	（1）加强仓储业务审核办理，开展常态化 ERP 系统数据监控和飞行检查，对出入库管理不规范、实物盘点不到位等问题纳入业绩考核。 （2）对私自出售库存物资等违规行为严肃问责与考核

第三节　监　督　防　控

供应链监督防控是企业确保供应链安全、透明和可持续的重要手段。实施供应链监督防控时，要把握"全面覆盖、突出重点，强化责任、协同联动，客观独立、诚信规范"的原则。供应链各环节的合规风险往往具有不同特性，需要采用针对性强的监督方式，开展监督防控。目前，国家电网公司常用的监督防控方式主要包括现场监督、专项监督、专业监督、数智监督和社会监督等类型。监督方式可根据实际需要对各种类型进行适合性组合和调整，达到最佳监督效果。

一、现场监督

现场监督是指委派现场监督专家对供应链业务实施现场的程序执行以及现场各参与主体履职、遵守纪律等情况进行的实时监督。现场监督的对象包括开评标（审）、供应商资质能力核实、废旧物资竞价处置等现场业务及各参与主体。各级物资部门负责组织实施本级相关业务的现场监督工作，从物资管理监督专家库中委派监督专家组成现场监督组，履行现场监督职责。

二、专项监督

专项监督是指围绕供应链管理中的重点难点，对问题突出的业务或单位，制订相应的监督检查方案，不定期地开展监督工作。专项监督由物资部牵头组织，相关业务主管部门和监督专家参加，实施方式包括但不限于联合检查、飞行检查、远程检查等。各级物资部门可结合历次监督检查中暴露出的突出问题，围绕物资管理关键环节、关键岗位，分级分类完善制度流程，健全工作机制，避免产生重大的违法、违纪、违规等问题，切实做到物资风险事前预防，提升物资管理风险防控水平。

专项监督主要分为四个环节，分别为选题立项、制订方案、监督检查和资料归档管理。①选题立项：明确拟开展的专项监督项目名称、实施必要性、涉及的主要风险等；②制订方案：编写物资专项监督工作方案，明确监督目标、工作内容、职责分工、时间安排等内容；③监督检查：根据工作方案，开展监督检查，编写物资专项监督工作报告；④归档管理：监督结束以后，对监督资料进行分类归档。

开展专项监督时，各级物资部门监督处室负责管理本级专项监督工作，主要承担编制及下发专项监督立项表、审核及下发专项监督方案、审核及上传专项监督报告、专项监督问题清单导入负面问题清单样本库、监督资料归档等工作；同时，需要配合上级物资部开展专项监督检查的各项工作，组织编写本单位专项监督报告。各级物资公司负责实施本级专项监督工作，主要承担编制及上传专项监督方案，组织开展各项监督工作，编写及上报各项专项监督报告。

三、专业监督

专业监督是指由负责供应链管理的物资各专业、参与供应链管理的各业务主管部门和单位，对本专业工作范围内的供应链业务相关事项进行监督。

物资部门主要监督内容为：物资管理体系建设是否符合公司规定，采购计划收集与审核、采购方式审核、采购标准制定与应用是否合法合规，采购活动组织是否合法合规，合同签订履约、仓储供应、废旧物资处置是否合法合规，物资管理业务中是否存在人员违规违纪等情况。其他业务主要监督内容为：是否认真履行物资管理的主体责任，有无违反党风廉政建设等情况，项目申请招标前是否应经过审批、核准、备案，施工项目申请招标前是否取得初步设计及概算批复，项目物资的现场验收、结余物资退库、废旧物资拆除回收等工作符合公司制度规定，涉及物资管理和资产处置的资金预算、使用、拨付、结算、核算等情况是否合法合规，合同签订是否及时等内容。

四、社会监督

社会监督是指投标人、供应商、社会公众、社会舆论对公司供应链业务的依法合规性开展监督。各级物资部应在公司电子商务平台、供应商服务中心、评标（审）现场等业务场所公布纪检监察机构、物资部接收投诉的电话、传真和邮箱，自觉接受社会监督。

各级物资部门负责管理社会公众监督工作，主要承担信息收集与公开、投诉与举报处理、评估与总结。信息收集与公开是定期对外发布的公示、公告文件中应载明接收投诉的方式、联系人、联系电话和通信地址等信息；鼓励和引导公众参与物资管理监督，通过公开征集意见、调查问卷等方式收集公众的反馈和建议，增强社会监督的广泛性和深入性。投诉与举报处理是根据国家法律法规和公司相关管理规定受理投诉和举报，对投诉内容进行调查核实，及时向实名投诉或举报人进行反馈，并且做好相关记录。同时，对存在不当的行为进行问责。评估与总结是在社会监督过程中，及时评估分析监督方案效果，总结分析问题背后的物资管理政策和工作流程，确保物资管理制度具有较强的规范性和合理性。

开展社会监督时，总共分为四步，即受理投诉举报、调查核实、核查结果反馈、资料归档。受理投诉举报是各级物资部门需要自觉接受政府监管和社会监督，不断扩大对社会公告公示范围，受理各类投诉举报；调查核实是针对受理的投诉举报，进行认真核实；核查结果反馈是在调查核实以后，将核实处理结果向实名投诉或举报人进行反馈；资料归档是将投诉举报的相关受理、调查核实和处理反馈等资料进行及时归档。

五、数智监督

数智监督是指依托供应链"两库一平台"，在供应链管理风险智能研判、风险事件动态监控、风险主动预警、在线督办整改闭环等方面开展数字化、智能化、常态化的主动式风险防控监督工作，实现各级物资风险"可控、能控、在控"，促进现代智慧供应链提档升级，推动公司经营管理提质增效。

数智监督主要分为两种形式，分别为效能监督和合规监督。效能监督的主要作用是提升工作效率效益，涉及计划管理、采购管理、专家管理、标准化与信息化、合同管理、配送仓储、废旧处理 7 项核心业务，重点监督集中采购节资率、投标澄清异常、中标结果异常、不良行为供应商中标、专家评分异常、标准物料执行异常、专家冻结比例异常、专家日常评价缺失、合同签订准确率异常、协议库存超区域匹配、库存物资超期存储、处置款项回收异常等指标。合规监督的主要作用是确保工作依法合规，涉及计划管理、采购管理、专家管理、质量监督、供应商关系管理、合同管理、监督检查 7 项核心业务，重点监控一级采购目录执行率、应招未招、单一来源论证公示率、监造、抽检合格率异常、违规组建招标评委会等指标。

第四节　技　术　防　控

国家电网公司将风险知识库中的 230 个风险点持续向数智化监督手段转化，在事前和事中应用合规风险探针主动防控业务风险，在事后应用监控预警指标督办整改业务异常问题。持续将风险点监控从"人防"向"技防"转变，不断"织密"数智风险防控网络。

一、数智化风险防控

（一）数智监督风险防控网络

国家电网公司持续深化"三全三化"供应链风险防控体系建设（见图 3–1），突出问题导向，构建了统一的数智监督风险知识库，在"事前、事中、事后"全过程应用合规风险探针和监控预警指标的"技防"监督手段，引入问题整改闭环反馈机制与监督成效量化评价机制，持续完善以"实时感知、全量监督、敏捷防控、智能解析"为基本特征的数智风险防控网络（见图 4–1）。相关实施背景参见二维码。

延伸阅读

实施背景

（二）ESC 监控预警运营平台

ESC 监控预警运营平台是数智风险防控网络的重要载体，推进供应链风险防控从"人防"向"技防"转变。在平台建设全网共享数智监督风险知识库，在"事前、事中、事后"全过程应用合规风险探针和监控预警指标监督手段，引入线上问题整改闭环反馈机制与监督成效量化评价机制，持续深化数智风险防控。数智监督数据流向图见图 4–2。

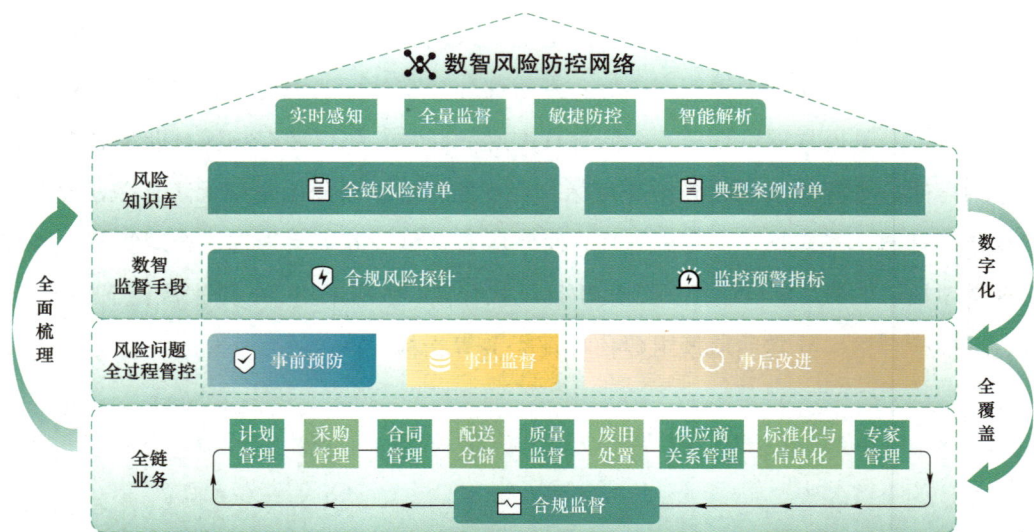

图 4-1 数智风险防控网络

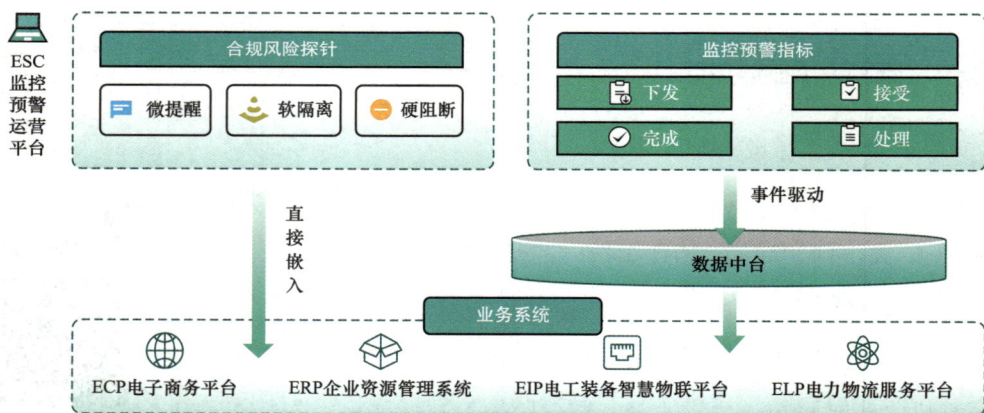

图 4-2 数智监督数据流向图

二、风险知识库

国家电网公司利用风险知识库（见图 4-3）管理供应链风险清单。风险知识库包括典型案例清单和全链风险清单，由近年来内外部纪检监察、巡视巡察、法律合规、财务检查和内部审计等监督工作实际案例提炼而成。风险知识库以"开放、共建、共享"为理念，在 ESC 监控预警平台线上部署应用，各级供应链主体共同参与滚动优化更新。风险知识库为各单位开展供应链合规监督和拓展应用数智监督手段提供了理论指导和实践依据，同时为各级供应链参与主体做好风险防控、合规管理培训等工作提供了经验借鉴。

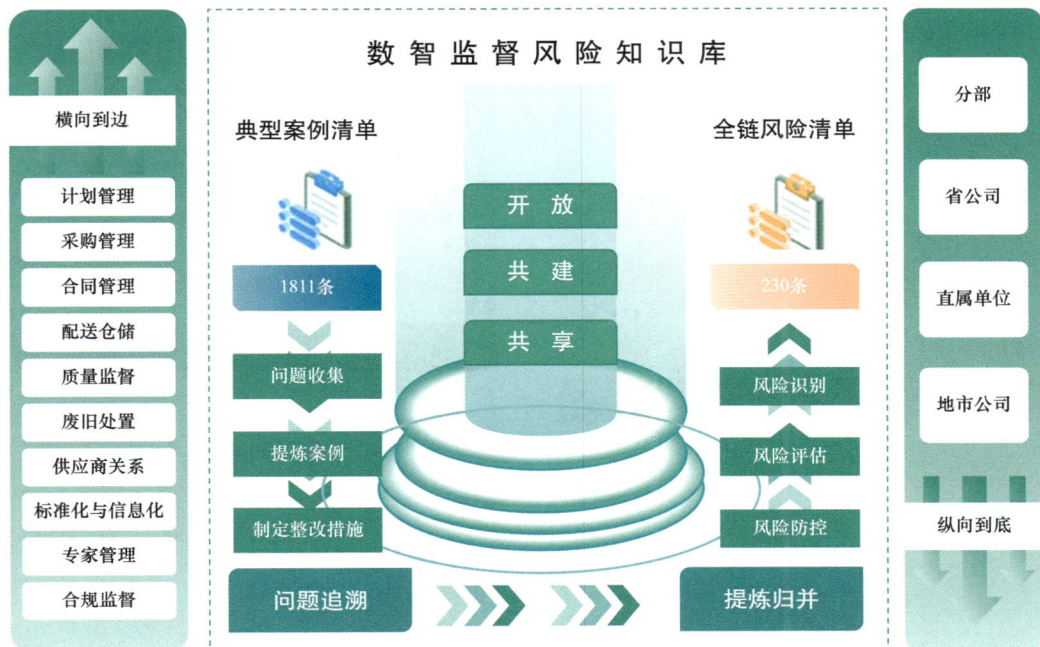

图 4-3　风险知识库示意图

（一）典型案例清单

典型案例清单是对历史问题的全面追溯和总结提炼，涵盖公司内外部各类监督检查发现的异常问题，通过问题收集、提炼案例、制定整改措施，依托 ESC 监控预警运营平台在线建成"典型案例一本账"。目前共形成 1811 个典型案例（见图 4-4），为各单位开展问题整改、问责处理和长效机制建设提供合理化建议。

问题收集，从问题发生时间、责任单位、业务环节、问题描述、事件概况等维度，按统一模板完成历史问题全量收集，确保问题覆盖供应链各环节、公司系统各单位。提炼案例，对收集的全量问题开展同类问题归并，从业务分类、问题定性、整改措施、制度依据等多个方面，整理形成结构化问题台账，并对描述中责任单位、责任人等信息进行脱敏处理，便于各单位参考借鉴。制定整改措施，全面分析历史问题发生原因，尤其针对"屡查屡犯"问题，依照相关法律法规和公司管理规定，从防范同类问题重复发生的角度制定整改措施和长效防控机制，给责任单位提出合理的整改建议。

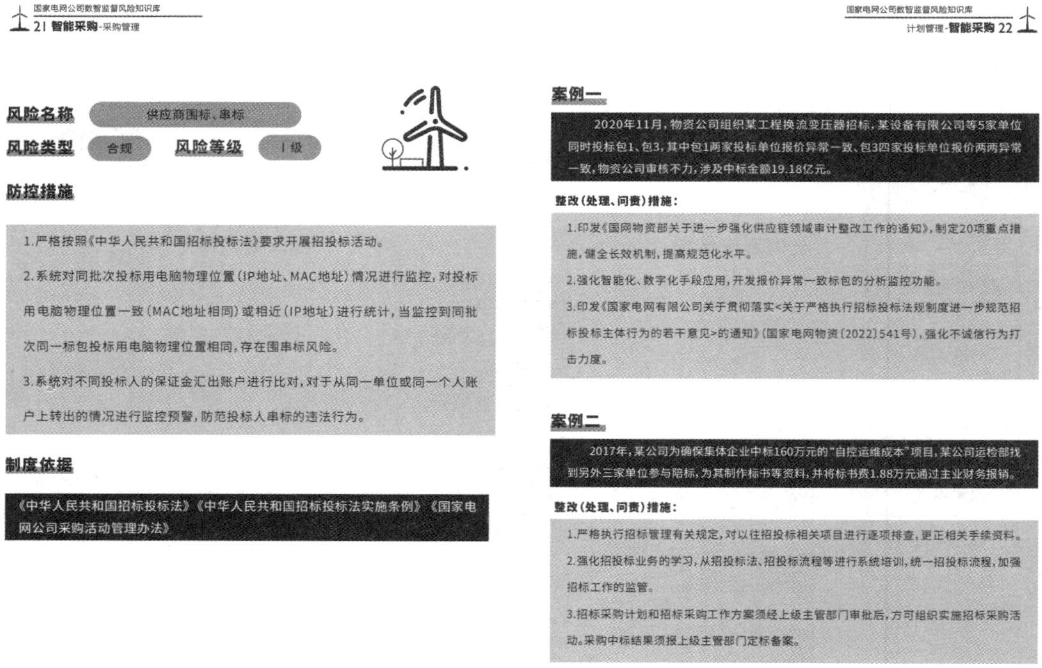

国家电网公司数智监督风险知识库

21 智能采购-采购管理

风险名称 供应商围标、串标

风险类型 合规　**风险等级** Ⅰ级

防控措施

1.严格按照《中华人民共和国招标投标法》要求开展招投标活动。

2.系统对同批次投标用电脑物理位置（IP地址、MAC地址）情况进行监控，对投标用电脑物理位置一致（MAC地址相同）或相近（IP地址）进行统计，当监控到同批次同一标包投标用电脑物理位置相同，存在围串标风险。

3.系统对不同投标人的保证金汇出账户进行比对，对于从同一单位或同一个人账户上转出的情况进行监控预警，防范投标人串标的违法行为。

制度依据

《中华人民共和国招标投标法》《中华人民共和国招标投标法实施条例》《国家电网公司采购活动管理办法》

国家电网公司数智监督风险知识库

计划管理-智能采购 22

案例一

2020年11月，物资公司组织某工程换流变压器招标，某设备有限公司等5家单位同时投标包1、包3，其中包1两家投标单位报价异常一致、包3四家投标单位报价两两异常一致，物资公司审核不力，涉及中标金额19.18亿元。

整改（处理、问责）措施：

1.印发《国网物资部关于进一步强化供应链领域审计整改工作的通知》，制定20项重点措施，健全长效机制，提高规范化水平。

2.强化智能化、数字化手段应用，开发报价异常一致标包的分析监控功能。

3.印发《国家电网有限公司关于贯彻落实<关于严格执行招标投标法规制度进一步规范招标投标主体行为的若干意见>的通知》（国家电网物资〔2022〕541号），强化不诚信行为打击力度。

案例二

2017年，某公司为确保集体企业中标160万元的"自控运维成本"项目，某公司运检部找到另外三家单位参与陪标，为其制作标书等资料，并将标书费1.88万元通过主业财务报销。

整改（处理、问责）措施：

1.严格执行招标管理有关规定，对以往招投标相关项目进行逐项排查，更正相关手续资料。

2.强化招投标业务的学习，从招投标法、招投标流程等进行系统培训，统一招投标流程，加强招标工作的监管。

3.招标采购计划和招标采购工作方案须经上级主管部门审批后，方可组织实施招标采购活动。采购中标结果须报上级主管部门定标备案。

图 4－4　典型风险案例（供应商围标串标）

（二）全链风险清单

全链风险清单是对 1811 个典型案例涉及风险点的总结归纳，从风险识别、风险评估、风险防控三个方面，定量和定性开展风险描述、风险等级评估、风险措施制定和规章制度关联，在 ESC 监控预警运营平台建设形成结构化的全息风险档案库。目前共整理形预测需求不准确、市场竞争调研不充分、合同签订授权不规范、资质能力核实信息泄密、违规选取或制定评标专家等 230 个风险点（见图 4－5），为各单位全面识别业务风险、准确评估风险影响、科学设置防控措施提供标准化的指导和遵循。

风险识别，对照国家法律法规、公司规章制度以及典型案例清单，详细分析与识别供应链全业务、全环节、全关联主体的潜在风险，记录风险所在业务环节、法规制度要求、风险描述等内容。风险评估，对业务风险开展分级分类，应用风险矩阵法将风险点按紧迫程度、影响程度和监管难度分为"重大、中等、一般"三个等级，按风险发生频次划分为"屡查屡犯"和"常规"两个类别。风险点分级分类为风险监控职责划分、风险差异化监督提供决策依据。风险防控，依据《招标投标法》等国家法律法规以及公司供应链通用制度等管理文件，开展风险点原因分析，结合风险业务特点、管理要求和业务操作性，制定风险防控措施。防控措施包含管理措施和技术措施，管理措施包括完善规章制度、健全工作机制、开展监督检查等，技术措施包括设置合规风险探针、监控预警指标等内容。

序号	一级业务 （业务板块）	二级业务 （业务环节）	三级业务 （业务环节细分）	风险名称	风险类型	风险等级
1	智能采购	计划管理	需求计划管理	预测需求不准确	效能	Ⅱ级
2	智能采购	计划管理	需求计划管理	市场竞争调研不充分	效能	Ⅱ级
3	智能采购	计划管理	需求计划管理	项目需求与可研初设不匹配	效能	Ⅱ级
4	智能采购	计划管理	需求计划管理	需求计划不准确或频繁变更	效能	Ⅲ级
5	数字物流	合同管理	合同签订管理	合同签订授权不规范	合规	Ⅰ级
6	数字物流	合同管理	合同签订管理	合同未经法人或被授权人签订	合规	Ⅰ级
7	全景质控	供应商关系管理	供应商资质能力核实	资质能力核实信息泄密	合规	Ⅰ级
8	全景质控	供应商关系管理	供应商资质能力核实	核实结果未经公示	合规	Ⅰ级
9	合规监督	专家管理	评标专家管理	违规选取或指定评标专家	合规	Ⅰ级
10	合规监督	专家管理	评标专家管理	未严格按照抽取结果依次通知	效能	Ⅲ级

图 4-5　全链风险清单（部分）

（三）风险清单标签化

国家电网公司通过参数标签化法，建立完善供应链风险参数标签体系，配套数智监督卡，实现风险特征的归集和风险知识的共享。参数标签化总体思路见图4-6。

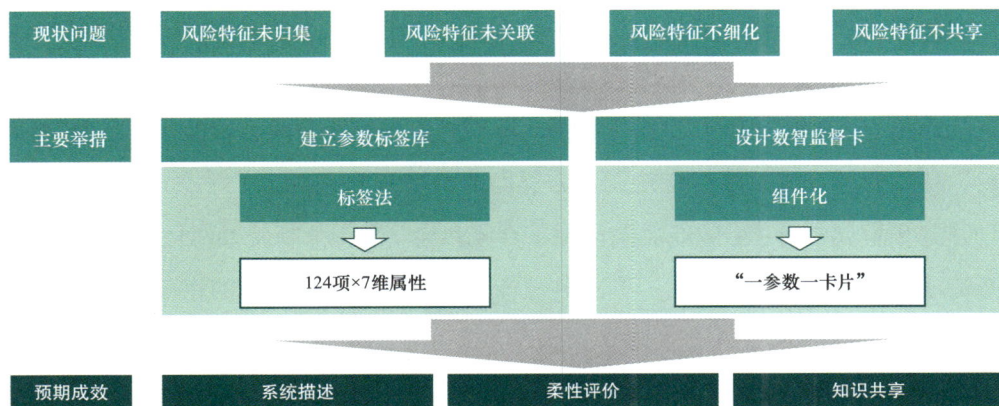

图 4-6　参数标签化总体思路

通过标签化法，对供应链风险参数进行多维定义，内容包括标签分类、维度选择、指标细化、标签关联等，形成供应链风险标签库，旨在将供应链风险与数智监督内容、对象进行关联，便于针对特定监督主题或监督主体快速、柔性地形成监督要点。

1. 标签分类

依据物资管理监督重点和数智监督工作目标，将供应链风险参数标签分为7大类，包括基础属性标签、风险属性标签、阈值属性标签、督办属性标签、预警属性标签、生态属性标签、对标属性标签。由于使用场景不同，每类标签经过不同维度划分，产生多个子类标签。

（1）基础属性标签：结合业务实际需求，从信息化平台建设角度，组织物资各专业人员系统性梳理字段的所属业务、计算公式、计量单位、来源出处。二级标签包括名称、编号、类型、一级业务、二级业务、三级业务、指标说明、指标逻辑、指标公式、指标单位、指标层级、指标源文件。

（2）风险属性标签：在国网风险知识库、风险指标库成果的基础上，搭建映射关系，明确不同字段所对应的风险点名称、所属合规或效能风险类别，并结合当前物资工作要求，定义字段停用或启用状态。二级标签包括名称、风险分类、风险状态、案例映射、清单映射、风险等级、事件分类、屡查屡犯。

（3）阈值属性标签：根据实际业务情况，按照分级预警管理的原则，明确各字段的预警阈值或预警区间，在原有三级预警机制的基础上，新增市县级自定义预警阈值，提升基层内控自由度，加强风险监督管理。二级标签包括蓝色预警、黄色预警、橙色预警、红色预警。

（4）督办属性标签：为落实合规风险在反馈及时性、督办闭环率上的管控要求，面向合规风险类别的字段，需遵循反馈时限、闭环整改时限和闭环判定规则。二级标签包括两级督办、反馈模板、督办流程、反馈时限、整改时限、整改规则、特殊业务模板、特殊业务有效时限、特殊业务分类提示、黑名单规则。

（5）预警属性标签：效能风险区别于合规风险，没有强制督办属性，若长期忽视，势必造成严重后果。因此，为提升业务效能，面向效能风险类别的字段，除明确消缺时限之外，还需界定预警升级规则，当效能风险升级为合规风险，则启动督办闭环处置工作。二级标签包括预警流程、预警消缺时限、特殊业务模板、特殊业务分类提示、预警升级规则。

（6）生态属性标签：通过结合供应链生态热点专题，例如"三效"经营、优化营商、节能减排、安全稳供等，明确字段与之映射关系。二级标签包括经营管理、节能减排、优化营商、安全稳供、服务水平、创新攻关、产品质量、智能水平、评价主题、四流合一、对标评价。

（7）对标属性标签：量化每个风险点的现状，通过定义各类同比逻辑和对标范围，便于开展统计分析，激励对应责任人主动开展风险管控。二级标签包括总部目标值、省公司目标值、地区公司目标值、省际公司对标值、对标值。

2. 标签赋值

根据两级标签的定义，按照布尔（是否）、数值、汉字文本、汉字＋数字、英文＋数字、文档、图片 7 种类型对标签进行赋值，具体见表 4-12。

表 4-12　　　　　　　　　　　标签分级、赋值清单

一级标签	二级标签	赋值类型
基础属性标签	名称、类型、一级业务、二级业务、三级业务、指标说明、指标逻辑、指标公式、指标单位、指标层级	汉字文本
	编号	英文＋数字
	指标源文件	文档
风险属性标签	名称、风险分类、风险状态、案例映射、清单映射、风险等级、事件分类	汉字文本
	屡查屡犯	汉字＋数字
阈值属性标签	蓝色预警、黄色预警、橙色预警、红色预警	数值
督办属性标签	两级督办	布尔（是否）
	反馈模板、特殊业务模板、特殊业务分类提示	文档
	督办流程	图片
	反馈时限、整改时限、特殊业务有效时限、整改规则、黑名单规则	汉字文本
预警属性标签	预警流程	图片
	预警消缺时限、特殊业务有效时限枚举值、预警升级规则	汉字文本
	特殊业务模板、特殊业务分类提示	文档
生态属性标签	经营管理、节能减排、优化营商、安全稳供、服务水平、创新攻关、产品质量、智能水平	布尔（是否）
	评价主题、四流合一、对标评价	汉字文本
对标属性标签	总部目标值、省目标值、地区目标值、省际对标值、对标值	数值

3. 建立标签库

构建供应链风险参数的标签库（见表 4-13），能够有效利用大数据挖掘技术归纳风险特征，方便提取特定数智监督主题的监督内容，进行服务上层数智监督实施和评价。

表 4-13　　　　　　　　　　　标　签　库

一级标签	二级标签	数据来源
基础属性标签	名称、编号、类型、一级业务、二级业务、三级业务、指标说明、指标逻辑、指标公式、指标单位、指标层级、指标源文件	数智监督网、制度规范文件
风险属性标签	名称、风险分类、风险状态、案例映射、清单映射、风险等级、事件分类、屡查屡犯	两库一平台

一级标签	二级标签	数据来源
阈值属性标签	蓝色预警、黄色预警、橙色预警、红色预警	制度规范文件
督办属性标签	两级督办、反馈模板、督办流程、反馈时限、整改时限、整改规则、特殊业务模板、特殊业务有效时限、特殊业务分类提示、黑名单规则	制度规范文件
预警属性标签	预警流程、预警消缺时限、特殊业务模板、特殊业务分类提示、预警升级规则	制度规范文件
生态属性标签	经营管理、节能减排、优化营商、安全稳供、服务水平、创新攻关、产品质量、智能水平、评价主题、四流合一、对标评价	社会热点、重点工作、专项工作
对标属性标签	总部目标值、省目标值、地区目标值、省际对标值、对标值	指标规则

三、风险预警指标库

（一）风险监控预警指标

监控预警指标是通过对业务流程结果的异常情况进行筛查的监督手段。在 ESC 监控预警运营平台制定量化模型、阈值逻辑和监控规则，由平台自动检定海量业务数据，利用可视化图表直观展示风险程度，指导问题立查立改。监控预警指标用于供应链异常问题的事后处理整改，适合暂时未在源端业务系统部署探针或依托中台数据间接分析的业务，事后补全无法在事前事中干预的风险，与合规风险探针互为补充，彻底管住全过程风险。

风险知识库中的 489 个风险点持续向数智化监督手段转化，相较于在事前和事中应用合规风险探针主动防控业务风险，应用监控预警指标在事后标督办整改业务异常问题。目前，已建成 80 个指标，持续将风险点监控从"人防"向"技防"转变，不断"织密"数智风险防控网络。

（二）指标设计原则

监控预警指标的主要信息包括业务分类、责任归属、判定过程、算法逻辑、计数维度和中台数据来源等，根据业务的复杂程度分为阈值比较、线性计算和聚类分析三类。针对时效、金额、数量等单一维度的简单业务可以采取阈值比较型，利用指标与预设阈值比较而确定状态或结果，如供应商交货及时率、单一来源公示率等。针对"时间＋金额＋数量"多维变量的业务可以采用线性计算型，利用指标间的线性关系来确定和计算指标权重，如库存周转率、合同金额变更异常等。针对需要借助大数据分类分析的业务可以采取聚类分析型，利用指标值之间的相似度和距离将指标划分为不同类别或簇，如供应商质量评估、专家资源分析等。

（三）指标闭环策略

监控预警指标的闭环策略按照风险确定性为"风险提示"和"闭环督办"两种。风险提示适用于排除可能发生风险的情况，采用无需回复预警提醒的方式，引导排除或降低风险发生可能性，如合同结算不及时等时效类指标。闭环督办适用于整改已经明确发生风险的情况，采用限时督办整改的方式，责令及时整改问题、消除不良影响，如投标保证金退还逾期等阈值比较型指标。

（四）指标库管理

国网物资部牵头建立和更新国网 ESC 风险监控预警指标库，各省公司要以国网 ESC 风险监控预警指标库和本单位供应链风险库为基础，结合本单位业务流程、管理要求和业务操作性等特点，可个性化设置风险监控预警指标，建设省公司风险监控预警指标库，确保梳理的风险监控预警指标符合本单位实际。监控预警指标填报、审查、审定等入库管理如下：

（1）国网物资部监察处统一制定监控预警指标清单格式和填报要求，组织各层级各专业设置能落实到系统上进行控制的监控预警指标。

（2）国网及省公司物资部专业处室按分工组织业务部门梳理本专业风险预警需求分析、制定风险监控预警指标，审定本专业效能指标，审查合规指标，形成本专业风险监控预警指标清单，报省公司物资部门监督业务处室汇总。

（3）国网及省公司物资部监督业务处室汇总梳理各专业处室风险监控预警指标清单，组织审定合规指标，构建供应链风险监控预警指标库。

（4）各业务部门要深入开展业务调研，持续完善风险监控预警指标，拓展数字化合规监督覆盖范围。按照"分级管理、持续优化"原则，建立供应链风险监控预警指标库动态更新机制，定期根据业务开展实际以及各类监督检查发现的问题，针对具备预警条件的开展指标建模，提出风险监控预警指标新增建议，报本级物资部专业处室、监督业务处室组织审查、审定后通过"两库一平台"系统在线更新入库。

（5）各单位要灵活开展指标库管理，在线开展指标激活与休眠，促进风险指标库持续迭代更新。风险指标库采用模块化应用配置，根据近期监管重点进行动态配置。针对高优先级的业务风险，设置指标为"激活"状态，启用实时在线的监控预警；对于长时间无预警、近期无必要监控等指标，设置指标为"休眠"状态，退出在线监控，保留在风险指标库中。

四、合规风险探针

探针是把业务规则嵌入到工作流程中开展监督的手段。在 ECP、ERP 等源端业务系统嵌入取数规则、监控频次和拦截规则等防控策略,利用平台主动识别和拦截供应链运行过程中发生的风险,及时反映风险的存在和影响,避免问题屡查屡犯。探针用于供应链风险的事前事中主动干预,适合源端系统具备嵌入条件的业务。

（一）设计原则

探针须考虑嵌入后对源端业务流程在实时性、系统稳定性和数据安全性的负面影响。对于实时性强、多系统耦合的业务,须谨慎考虑探针的嵌入位置和方式,如物流自动记账环节探针,应保障财务系统联动记账的效率和稳定性。对招投标敏感场景的探针须考虑数据安全和隐私保护,应进行必要的加密处理和权限增强。对于更关注业务结果的时效而非流程过程的,不宜使用探针而建议使用指标。

（二）管理策略

探针的管理策略按照风险等级分为"微提醒""软隔离""硬阻断"三种。微提醒用于事前告知业务潜在风险,采用"弹窗提示"的模式,引导主动核查风险;如到货验收不及时的提醒,电商物资到货 7 日后还未开展验收,提醒及时办理验收与货款支付。软隔离适用于风险尚在可控阶段的业务,采用"审核解冻"模式,责令主动干预或分流;如围串标行为识别,检测出围标数据特征,经取证、查实后避免影响市场公平竞争。硬阻断适用于阻断必然引起违法违规问题的操作,以系统强控的方式,直接熔断业务,避免违规问题发生;如超规模领料,若累计物资领用超过可研规模,直接作废本次领用申请。

五、数智监督与成效评价

随着风险防控网络数智化应用的持续深入,针对探针和指标的预警问题,两级供应链运营调控指挥中心依托 ESC 监控预警运营平台,对供应链问题责任主体开展线上整改闭环督办,对供应链参与主体开展合规性动态诊断与考核评价,对不同参与主体差异化补齐合规管理薄弱环节,精准提升供应整体合规水平,实现监督的智慧管理。

（一）预警督办闭环反馈

针对事后监督发现的问题线上开展"发现问题–督促指导–制定措施–整改销号"风险闭环管控,针对事前事中发现的问题直接实时干预,全时、全量识别业务异常问题，自动生成预警事件并触发督办流程，责任单位在线整改闭环，设置督办反馈及时率、问题整改闭环率两大指标评估问题整改闭环督办工作质效，形成"当下改"与"长久立"相结合的供应链异常问题两级闭环反馈机制。

闭环督办遵循"立查立改"原则，主要包括下发、反馈、闭环三个环节。下发督办，系统根据预警事件自动生成督办单，并按时下发给责任单位。核查反馈，责任单位接收后限时整改，并在线维护问题成因和整改措施。核查闭环，按时反馈并通过质量审核的视为流程闭环，否则重新启动督办。

问题整改遵循"持续改进"的原则。将新型风险在风险知识库中滚动更新，将管控对策融入管理机制，不断完善通用制度、业务流程、监督要点，使管理制度更加科学、规范和有效。

（二）监督成效量化评价

以评价推动供应链监督"提质降率"❶研究，构建数智监督工作成效评价体系，利用合规画像精准还原省公司供应链健康水平，督促落实各级监督主体责任，实现评价对象图谱化、评价手段标准化、评价方式智能化。

聚焦屡查屡犯问题对两级供应链参与主体开展合规画像，动态调整合规管理策略。将线上评委会人数不规范、标书获取及编制时间不足、到货款支付异常等屡查屡犯问题作为画像因子，从"重复发生频率、整改效率、问题总量、问题分布、管理成长"等问题与改进两个方面、五个维度构建评价指数，关联考核与对标，对于问题重复发生的加重扣分，对于整改成效显著的给予加分，倒逼供应链参与主体主动提升自身合规管理水平。

---

❶ 指异常时间发生率。

第五章

供应链风险防控资源保障

供应链风险防控涉及企业的方方面面，是一项系统工程，如果没有强有力的资源保障，企业供应链管理很难有效实施。国家电网公司从监督专家人才队伍、软件硬件技术支撑和文化建设等方面，有效建设并整合应用供应链风险防控资源，为提高公司供应链风险防控水平提供基础保障。

第一节　监督专家资源

当前，监督专家人才队伍建设已经上升到企业供应链发展的战略层面，是保障企业安全建设的根本保障。加强监督专家人才队伍建设，建设一支专业素质过硬、充满创造力和创新思维的监督专家人才队伍，为企业依法科学、可持续发展提供坚强的人才保证。自2018年以来，国网物资部认真贯彻执行公司党组依法从严治企工作要求，强化物资专业监督体系建设，有效提升风险防控水平的要求，全面开展物资专业监督体系建设工作，组建专业化监督专家队伍，采取以老带新、现场培训等方式，提升专家履责能力，指导监督有序开展；优选各级物资专家人才，细分计划、采购、供应、质量、监督、技术等物资专业，组建了一支专业突出、敢抓敢管的监督专家队伍，承担交叉检查、突击抽查等监督任务。

一、专家类别与任务

（一）专家类别

国网物资供应链管理监督专家包括现场监督专家、合规检查专家两个类别。招标采购现场监督专家分为 A 级、B 级、C 级三个级别（详见二维码），分别支撑总部、省公司（直属单位）、地市公司及异地远程物资监督工作。合规检查专家分为 A 级、B 级等两个等级，支撑总部和省公司组织的监督检查工作。

（二）工作内容

1. 现场监督专家

对总部和省公司（直属单位）的招标采购、供应商资质能力核实、废旧物资竞价处置以及地市公司授权采购和远程异地评标监督（详见二维码）等物资管理相关业务实施现场进行实时监督，对各业务的程序执行、工作人员履职及遵守纪律情况进行监督，对监督发现的违规

延伸阅读

招标采购现场
监督专家级别

延伸阅读

远程异地评标
监督

违纪问题提出纠正和处理意见，受理物资监督过程中的投诉举报，并完成监督报告。

2. 合规检查专家

承担总部和省公司（直属单位）的专项监督、交叉检查等各类物资监督检查工作，对各类监督检查工作的关键环节进行现场合规性监督检查，对监督检查过程中发现的违规违纪问题提出纠正和处理意见，并完成监督报告。

（三）权利和义务

按照"权责匹配、有权必有责、权责共享"的要求，监督专家享有对招标采购评标（审）活动、供应商资质能力核实活动、废旧物资竞价处置以及地市公司授权采购和远程异地评标监督实施监督；对监督过程中发现的异常行为及时进行质询，发现的管理漏洞及时提出改进建议；现场受理投诉举报，对违规违纪问题提出处理意见，必要时及时向选派物资管理部门汇报，并执行相关指令要求等权利。

同时，监督专家必须履行严格遵守现场工作纪律，监督工作期间不得进行与招标采购评标（审）活动或供应商资质能力核实活动监督工作无关的事项；不得私下与评标专家接触，影响评标专家评审公正性；严格遵守廉洁纪律，依法依规公正独立履行职责，不受其他任何人员影响，不接受任何财物或者宴请等其他好处，不得违反规定私下接触投标人或者其他利害关系人等义务。

二、专家库组建

各级物资部门根据监督工作需要，按照"组织推荐、审核入库"的原则，推荐本单位物资管理监督专家，经国网物资部集中审核，组建公司"一级部署、两级使用"的物资管理监督专家库，并实行动态管理。

（一）专家入库资格

入选物资管理监督专家库资格条件从职业素质、学历、年龄、专业水平等多方面进行了规定，具体包括：具有良好的政治素质和职业道德，责任心强。敢抓敢管，敢查敢纠，能够客观、公正、严肃、认真履行监督职责，熟悉有关招投标的法律、法规及物资管理相关规定；符合学历要求、年满要求，身体健康，能够承担招标采购评标（审）以及供应商资质能力核实物资监督工作；具有物资管理、纪检监察、财务审计、法律等相关工作经验，或者作为评标专家参加过总部或省公司评标活动；物资监督专家不得兼任评标专家和供应商资质能力核实专家。

（二）申报方式与程序

申报国家电网公司物资监督专家，采取个人申报和单位推荐两种方式。其中采取单位推荐方式的，应事先征得被推荐人同意。同时，国网物资部加强申报程序的管理，申请人须在规定时间内，在国家电网公司电子商务平台进行用户注册，按要求填写申报信息并上传支撑材料，确认无误后提交审核。

（三）资格审核与管理

由专家所在单位（推荐单位）物资管理部门对物资监督专家申报信息进行初审。初审通过后，由专家所在省级单位物资管理部门对申报信息进行复审，符合 B 级或 C 级要求的专家审核通过即入库，符合 A 级要求的专家审核通过后，须提交至国网物资部审定入库。国网物资部对省级单位物资管理部门提交的 A 级专家的申报信息进行再审，审核通过即入库。

物资监督专家实行动态管理，物资监督专家入库后，可根据实际情况在线提出除身份证号之外的所有申报信息的修改申请。当专家出现达到国家法定退休年龄的、因身体健康原因不能履行监督职责的或者因其他原因无法从事监督工作的，可由专家本人或专家所在单位（推荐单位）可提出出库申请。若出现专家履职不到位，违反纪律，发生违规、违纪行为的，由物资管理部门直接调整出库，并通报监督专家推荐单位。

三、专家抽（选）取

监督专家采取随机抽取和选派相结合的方式出席各类监督工作。随机抽取包括编制抽取方案、审阅、专家抽取及名单确认。抽取方案根据项目需求编制，由审阅人员对方案进行审阅和修改。国网物资部监察处、各单位物资部督察处负责通过电子商务平台进行专家抽取并下发通知。专家选派包括编制选派方案、专家选取和任务管理。项目开始前要按照要求编制选派方案，由国网物资部监察处、各单位物资部督察处负责选派监督专家，通过电子商务平台对已选取的专家进行角色分配和名单确认。物资监督处室、招标代理机构、各单位物资管理部门专家管理、抽取、监督、通知等相关人员应签署保密协议，接受保密教育，不得泄露专家信息。严格控制对外通信联络，根据项目性质采取封闭隔离等措施，确保监督/检查工作情况对外保密。

四、教育培训与评价考核

（一）教育培训

现场监督专家、合规检查专家培训计划采用分级组织，国家电网公司物资公司（招标代理公司）统一安排的原则，国网物资部负责 A 级专家培训工作，各单位物资公司（招标代理公司）负责开展本单位 B 级专家的培训工作。培训方式包括集中培训、岗前培训和其他培训。各级物资公司（招标代理公司）收集各单位年度物资监督专家、合规检查专家培训情况报告、培训签到表、培训现场照片，编写年度物资监督专家、合规检查专家培训情况汇报材料，组织开展专家培训工作年度考评工作。

（二）评价考核

各级物资公司（招标代理公司）负责建立本级现场监督专家、合规检查专家的评价与考核制度，组织对参加本级监督/检查活动的专家进行日常评价及考核工作。

在各类监督、检查项目完成之后，各级物资公司（招标代理公司）需在电子商务平台上对现场监督专家以及合规检查专家进行评价，各级物资部督察处负责审核并确认评价结果。评价标准综合考虑监督专家的业务能力、报告编写质量、出席次数以及培训情况等多方面因素制订。评价结果分为良好、称职和不称职三类。此外，强化事后评价机制，针对实质性投诉，各级物资部督察处可通过电子商务平台对相关现场监督专家和合规检查专家的评价结果进行补充评价。各网省物资公司（招标代理公司）应对评价为良好和不称职的现场监督专家和合规检查专家，在电子商务平台上补充相关材料或附件。各级物资部督察处对各级现场监督专家和合规检查专家按年度进行考核，提出考核意见。本级物资部门负责核实确认考核结果，并将考核结果反馈至电子商务平台。

第二节 技术保障支撑

近年来，现代高新技术发展迅猛，技术保障工作已经成为各个领域的重要组成部分。对于企业而言，技术保障工作的重要性更是不言而喻。随着供应链管理的不断升级，一些典型、高危风险也会同步产生，为有效防止风险发生、保证源头防控，企业必须始终保持对技术资源保障的高度重视，确保供应链业务的高效顺利开展。

一、评标基地智能监控

评标基地作为招标采购开展的重要场所，是营造"公平、公正、公开"招标采购环境和实现设备"好中选优"的重要支撑，是构建和谐营商环境，保民生、保经济的基础保障。国家电网公司高度重视评标基地建设，2019 年，国网物资部统筹推进评标基地评标专家现场智能化管理、监督现场智能化应用 2 个业务场景建设，2020 年底，国网物资公司及各网省公司共计 31 个评标基地陆续通过国家电网公司总部验收并全面应用；2022 年，国网物资部组织开展"供应链数字化、智能化风险防控课题"研究，由国网物资公司牵头组织完成了"新一代智能评标基地建设（绿色数智评标基地）"课题研究，全面探索评标基地智能化建设再提升新方向，该课题成果获得国家电网公司一等奖；2023 年，国网物资部、国网物资公司继续深入课题成果，开展"绿色数智评标基地（场所）"管理体系研究及相关试点建设工作，并纳入 2023 年绿色现代数智供应链任务。

绿色数智评标基地是基于《国家电网有限公司绿色数智评标基地（场所）管理规范（试行）》（详见二维码）所建设的总部、省公司评标基地，总部直属单位以及地市公司授权采购评标场所，旨在加快建成绿色现代数智供应链，健全完善数智风险监督机制，加强供应链风险监督规范化、标准化、智能化，保障评标工作优质高效完成，提升应急处置能力。在前期建设成果基础上，2024 年国家电网公司强化互联网、生物识别、5G 等前沿技术在评标基的运用，持续提升供应链风险监督现代化、智能化、人性化管理能力。

（一）硬件资源

1. 新一代绿色数智评标基地

国家电网公司绿色数智评标基地主要用于各单位开展采购评标工作，基地建设按照实际情况开展。需要明确总部和省公司评标基地所地点，是否为唯一绿色数智评标基地，产权为自有还是租用，同时也要明确占地面积、拥有会议室、住宿房间、评标专用电脑，可容纳专家及工作人员住宿等情况，总部及省公司评标基地应具备人员报到区、技术区、商务区、监督室、廉政教育室、康体区等。

地市级授权采购评审场所是针对直属单位以及地市公司授权采购场所实际情况建设的，场所要求相对固定，具备封闭管理条件；场所分为供应商等候区、报到区、

延伸阅读

国家电网有限公司绿色数智评标基地（场所）管理规范（试行）

评审区，各区域间需物理隔离，评标期间评标专家、工作人员不得离开评标场所。

以国网天津电力公司评标基地为例，天津新一代绿色数智评标基地新建部分包含评标主楼和辅助库区两部分，评标主楼主要包括专家报到、评标、专家住宿及用餐、廉洁教育、专家活动等功能，库区主要包括活动阵地、档案室、开标直播服务大厅等。评标主楼占地 1434m²，共设 7 层，总建筑面积 10640m²，整体规划与主要功能布局见图 5-1。

图 5-1 天津绿色数智评标基地整体规划

一层：专家报到、技术和商务餐厅；二层：评标区和监督室；三层：评标区和具备远程异地评审条件的视频会议室、评委会接待室；四至六层：专家住宿区；七层：廉洁教育室、专家活动区、会议室、部分住宿房间。评标主楼中住宿房间共设 102 间（96 个标间、6 个商务间），可同时容纳 102～198 人住宿；会议室共设 16 间（2 个可隔断大会议室、7 个中会议室、6 个小会议室，1 个视频会议室），可同时容纳约 200 人开展评标会议；餐厅共设 2 间，总建筑面积 450m²（含操作间），高峰预计 200 人同时用餐。

2. 智能设备

绿色数智评标基地智能设备包括智能定位硬件、智能门禁硬件和智能辅助硬件三部分，以便于设备配套管理软件与智慧管理平台集成，提升评标基地流程智慧化，提升风险防控管理水平。

（1）智能定位硬件：由定位基站和电子标签（智能手环或智能胸卡）组成，通过无线脉冲测距技术，实现对电子标签的精确定位。当佩戴智能手环的人员在室内移动时，智能定位硬件可以精确记录人员的移动轨迹，结合提前预设的电子围栏，智能手环可以在人员进入违规区域时主动报警，并通知现场监督专家进行处理。

（2）智能门禁硬件：主要包括智能闸机、智能人脸门禁一体机和智能电子锁等设备，主要的作用是对用户进出内部评标场所、评标室和房间进行管控和记录。其中智能闸机通过识别用户身份证和人脸是否一致判断用户能否进入评标场所，同时将用户的人脸照片储存起来；智能人脸门禁一体机在用户需要进入评标室时，自动比对用户人脸和照片是否一致；智能电子锁通过集成在智能手环上的 RFID 标签进行自动识别并开关门锁。智能设备样例见图 5－2。

人脸识别闸机　　　　　　　人脸识别门禁　　　　　　人脸识别摄像头

图 5－2　智能设备样例

（3）智能辅助硬件：目前包括智能储物柜、智能引导机器人、智能摄像头、智能电话和智能移动监督记录仪 5 项小类。智能储物柜用于存放专家手机、智能手环、PAD等设备，专家使用身份证可自助操作，提高报到和离场效率。智能引导机器人用于引导、指示、信息验证、工作提醒等功能的移动机器人，支持环境感知和路径分析识别，是评标现场工作人员和监督专家的智能化助手。智能摄像头用于与智能定位硬件联动，当现场人员被识别有违规行为时，智慧监督硬件可自动切换至对应摄像头，辅助监督专家进行处理。智能电话用于解决传统电话只能录音的缺点，实现了刷卡呼叫、语音识别、文本翻译、敏感词自动提示等功能，将通话监督从事后追溯优化为实时监督。智能移动监督记录仪是一款具备录音录像功能的便携式智能设备，用于支持监督专家在不具备内网环境的监督现场对物资业务进行监督，确保现场音视频自动存档，永久追溯。移动监督记录仪可以集成至眼镜上或佩戴在工装上。

国家电网公司所属评标基地按要求进行评标基地智能化、规范化、标准化管理，保障评标工作高效、有序开展。新建和改造评标基地应严格按照绿色数智评标基地建设标准进行建设，建设完成后由省公司/总部直属单位物资管理部门对所属评标基地进行自验收，自验收通过后，经过总部二次验收通过后正式投入使用。针对拟新建、改造或退出使用的评标基地由本级物资管理部门通过智慧管理平台将相关申请上报总部备案。

（二）智慧管理系统

1. 管理平台

管理平台包括平台系统管理、基础数据管理、评标现场管理和现场监督管理四部分，通过管理平台的应用，从基础数据、评标过程及人员管理等方面，进一步提升评标基地规范化管理水平。评标基地管理平台见图 5-3。

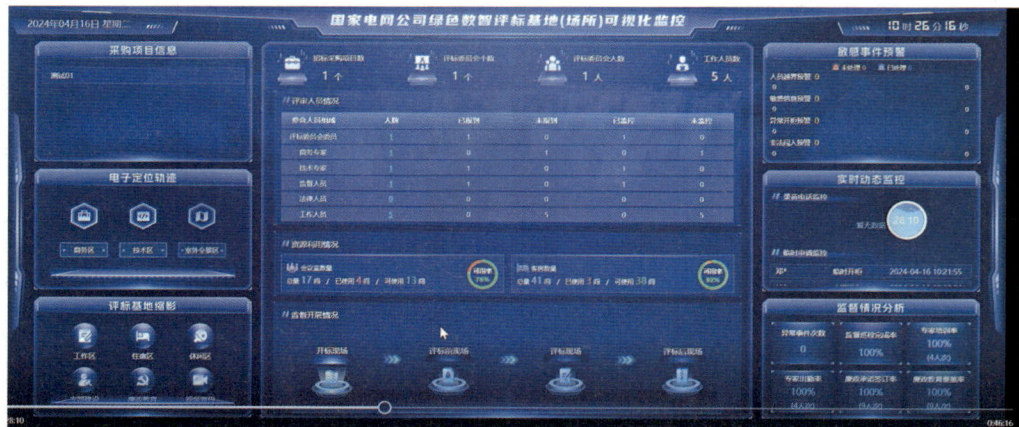

图 5-3 评标基地管理平台

（1）平台系统管理主要包括系统用户的账号维护、权限管理、密码管理、数字字典维护等，由系统运维人员进行日常维护。

（2）基础数据管理主要包括地图管理、专家信息管理、工作人员管理、房间信息管理、消息推送管理、设备信息管理、文档视频管理及电子围栏管理，是评标基地智能化管理的重要数据支撑，由系统运维人员定期维护。

（3）评标现场管理主要包括评标准备管理、专家入场管理、评标期间管理和专家离场管理。评标准备管理阶段包括评标项目创建、导入评标项目专家信息、为评标专家进行房间分配等。专家入场管理阶段包括评标人员个人电子设备存储、身份认证报到、评标设备领取、会议室管理等。评标期间管理阶段包括专家定位管理、专家违规管理、专家考勤管理、专家健康管理、专家休闲管理、自助教育管理等。专家离场管理阶段包括统计分析管理、设备归还管理、设备检验管理等。

（4）现场监督管理主要包括视频监控管理、人员轨迹管理、录音电话管理、巡查任务管理、监督评价管理等。现场监督专家通过现场监督模块对现场人员状态进行监督。

2. 5G 组网＋人脸识别定位及 5G 终端建设

随着绿色数智评标基地的不断应用及经验积累，在公司数字化转型发展大背景下，国网物资部全面探索评标基地智能化建设再提升新方向，开展"供应链数字化、智能化风险防控课题"研究、"绿色数智评标基地（场所）"管理体系研究及相关试点建设工作，在 5G 组网＋人脸识别定位及 5G 终端建设方面进行升级改造，其架构见图 5-4。

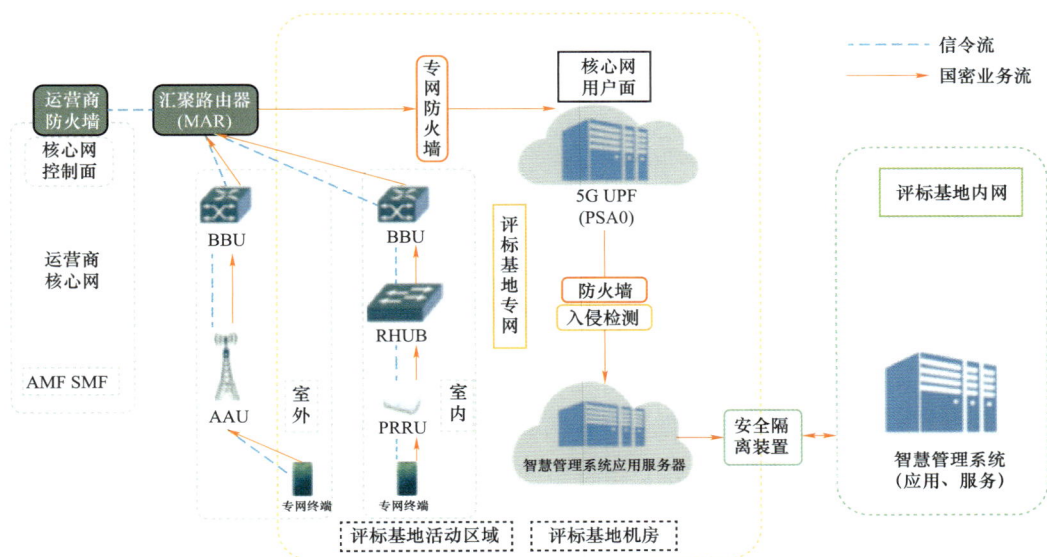

图 5-4　5G 组网＋人脸识别定位及 5G 终端建设升级改造架构

依托通信运营商 5G 宏基站、承载网及核心网等网络资源，在基地内构建端到端的 5G 专网，将 5G 核心网专用用户面功能（User Plane Function，UPF）下沉至评标基地，5G 核心网中负责加密业务数据的路由和转发、数据和业务识别、动作和策略执行等功能的用户面功能设备下沉至评标基地部署，实现控制面（负责信令流处理功能网元署于运营商网络）和用户面（负责业务流处理功能网元署于评标基地机房）分离，保证 5G 专网稳定运行的同时也能保证评标现场管理数据在评标基地内处理，满足 5G 高效通信及安全性。同时在评标基地 5G 专网内接入定制手持终端，基地内关键区域部署人脸识别摄像头，实现评标人员专网内的高效通信、人员定位及预警等功能，打造安全、高效、灵活、经济的通信定位一体化网络。

（三）监督成效

绿色数智评标基地实现人员活动全程管控、会务联系电话的智能监控、监督任务自动引导、各类角色信息进行精准画像，切实保障供应链风险的智能化防控与智慧化运营。

1. 实现对人员活动管控

通过专家佩戴的手环和现场设备内置传感器对人员轨迹和设备状态实时感知。当现场人员进入违规区域或现场设备出现异常,自动提醒现场监督专家进行处理。通过预先在管理平台中设置的电子围栏范围和每位评标专家活动区域权限,当评标专家进入与本人所在组别无关联的电子围栏时,管理平台通过定位发出"评标专家违规"声光警报,实现专家轨迹管理。通过预先按照会议室布局划分评标专家考勤区域,当评标专家佩戴智能手环进入与所在评标组相关联的电子围栏时,激活考勤功能,记录专家的考勤信息。

2. 实现对会务联系电话的智能监控

通过对现场会务联系电话进行全时段、全方位的语音在线管控,当有敏感词出现时,语音识别系统实时自动启动报警,纳入异常跟踪处理。现场监督专家通过管理平台"通话历史"功能,可查看通话记录,通过"电话按钮"功能,可回放通话内容。

3. 实现对监督任务自动引导管理

通过管理平台预置所有监督要点和负面清单,并匹配到各业务环节,实现监督任务智能引导。利用系统动态算法,实时识别现场监督专家位置,并根据时间节点自动推送监督任务。当发现异常情况时,管理平台自动纳入任务清单,提醒现场监督专家进行处理。现场监督专家通过管理平台"记录要点"输入该监督要点需要记录的信息,做出违规或合规结论;通过"巡查管理",发起巡查,若发生异常情况,通过视频录制方式,及时上传影像资料。

4. 实现各类角色信息进行精准画像

监督项目结束后,管理平台根据现场监督专家的监督记录,自动形成监督报告,并进行数据分析,对评标专家、现场监督专家和代理机构进行精准画像。现场监督专家通过管理平台"评标专家画像"可查看专家评标期间的评标状况,通过"通话数"可查看专家通话次数、敏感词语等信息,通过"监督专家画像"可查看监督任务完成情况,通过"代理机构画像"可查看监督过程中代理机构工作情况。

二、ESC 风险监控预警

以互联网、大数据为代表的数字革命正在深刻改变着国民经济形态和生活方式,电网也成为数字化转型的重要领域。近年来,国家电网公司以传统物资管理向供应链数字化转型为抓手,高质量、高标准推进现代智慧供应链建设和实用化推广,通过打造 ESC 监控预警运营平台,实现跨业务、跨专业、跨系统数据融合,通过线上预警实时跟踪功能,对物资工作进行管控,有效避免风险的发生,为智能采购、数字物流、全景质控业务链有序运作保驾护航。

（一）平台建设

1. 建设背景

2020 年 1 月，依据国家电网公司《关于推进现代智慧供应链运营工作的指导意见》的要求，开始建设供应链运营调控指挥中心，并依据国家电网公司典设方案开发供应链运营平台（简称 ESC 平台）。2020 年 5 月，供应链运营调控指挥中心正式成立，采用合署办公模式，兼营供应链运营与物资供应业务，ESC 平台同步上线运营。

平台自 2020 年 5 月建成并投入正式运行，在 3 年多的建设、运营过程中，围绕本地实用化需求，通过数据中台集成以 ERP❶、ECP❷、EIP❸、ELP❹、e 物资等业务系统数据，结合实际业务需求，累计建成统计分析、监控预警、数据查询、业务操作等类型功能，涵盖计划、采购、合同、供应、质监、仓储、配送、废旧、结算等全链全环节，为"平衡利库、采购监督、合同签订、合同变更、供应计划监控、抽检计划跟踪、监造计划跟踪、实物储备分析、资源调拨查询、废旧物资处置、三金一款监控、合规风险督办"等关键业务提供有效辅助支撑。

2. 建设流程

国家电网公司按照绿色现代数智供应链建设新要求，基于《数智化风险监督体系建设指导意见》和《数字化风险监督运行工作规范》标准，参考借鉴国资监管平台等风险监督转型实践经验，围绕健全数智化风险监督体系、完善风险问题闭环机制、实现风险监督全链条动态协同、探索数智化风险监督新手段等应用场景需求，进行 ESC 供应链风险监督平台建设，加强全链风险监督的智能化防控与智慧化运营。

风险识别，梳理完善风险清单范围。以促进业务合规高效运营为目标，梳理各专业审计过程中暴露出的问题以及日常业务合规管控重、难点，持续拓展供应链全链风险感知范围，构建涵盖重点专业、关键环节的全链风险监控体系，形成风险监控点清单，实现业务合规效能风险的分级分类。

风险监测，依托 ESC 平台线上数字化手段，实现业务风险线上在线监测。建立线上风险监测场景，分级分类设置告警阈值，实现内部各专业、外部两级运营效能风险的在线识别、查看、分发、反馈、审核以及统计，实现风险事件的自动识别、提示、

---

❶ ERP，即 Enterprise Resource Planning，企业资源管理系统。

❷ ECP，即 E-Commercial Platform，电子商务平台。

❸ EIP，即 Eletrical Equipment Intelligent IoT Platform，电工装备智慧物联平台。

❹ ELP，即 Electrical Logistics Platform，电力物流服务平台。

预警，并针对识别的供应链业务风险，通过及时发布风险督办单、按期收集督办反馈等形式，督促对应单位和业务部门开展异常事件分析、整改、闭环反馈。

风险管控，实现业务风险闭环管控。风险督办线上闭环分为两级，国网级督办均为合规性督办，按照不定期的模式由总部下发督办至省级供应链运营调控中心，再由供应链运营调控中心下发督办至各专业部门；在总部供应链运营调控中心下发风险督办任务的基础上，省级供应链运营调控中心每周定期下发省级风险督办任务，明确设定反馈期限，实时统计各专业及基层单位反馈进度，提升风险闭环管控时效，进一步完善两级供应链运营调控中心风险督办机制，通过业务风险预报警督办任务的实时下发、限时反馈、处置跟踪，有效督促各专业及地市级供应链运营调控中心及时处理潜在业务风险，使关键点前移，做到业务风险的事前预警、事中督办、事后分析，提升风险防控效能，保障全链各环节合规高效运行。

3. 建设数据标准

数据标准是为确保信息系统各数据库与各功能模块之间的数据分类、编码及数据文件命名的系统性和唯一性，满足系统正常高效运行以及与其他相关系统协同运作的要求，实现系统之间相互兼容、信息共享，以及对数据制定的统一定义和规范。数据标准适用于业务数据描述、信息管理及应用系统开发，作为经营管理中所涉及数据的规范化定义和统一解释，作为信息管理的基础以及应用系统开发时进行数据定义的依据。国家电网公司建立一套绿色数智供应链业务数据标准，建立统一的数据标准有助于对数据进行统一规范的管理，消除各部门间的数据壁垒，方便数据的共享，为业务、技术和管理提供服务和支持，也为数据质量提升和优化提供支撑。

（二）平台功能

ESC 供应链风险监督平台功能，通过物联感知等技术，对采购活动、生产制造过程、物流运作轨迹等在线监测；通过平台对关键业务环节设置阈值，实时监测计划申报、招标采购、合同执行、仓储配送、质量监督、供应商评价、废旧物资处置等全过程业务运营情况，主动识别风险和异常，确保供应链高效运营。平台功能包括供应链数字化风险监督预警和供应链监督看板。

1. 供应链数字化风险监督预警

为加强业务监督的智能化建设与智慧化运营，本版块构建"两库一平台""监督检查""投诉处理""自助分析""评标专家管理""专家管理""监督检查"的供应链数字化监督预警，对供应链全流程业务环节的作业风险开展数字化监督与管控。

（1）"两库一平台"是指风险知识库、风险指标库、风险监控预警平台。通过"两库一平台"实现作业风险的全周期管理和全网共享，数字化作业风险的数字化监督和智能化诊断，风险事件的及时纠偏与闭环管控。

（2）"监督检查"是对评标现场的监控与监督。

（3）"投诉处理"是对投诉处理逾期的管理与监督。

（4）"自助分析"是自助分析工具的管理。

（5）"评标专家管理"是对评标专家库的管控与对评标专家使用情况的管理。

（6）"专家管理"是对评标专家的资源利用、培训等管控。

（7）"监督检查"是对风险提示、负面问题清单、交叉检查、通报管理、约谈管理等专项监督的统计分析。

2. 供应链监督看板

在风险监控基础上，供应链运营调控指挥中心聚焦全链业务监测统计，开发供应链监督监控看板场景，以"风险监控体系"为基础，按照合规与效能两类维度，细分至全链各专业，实现全量风险点在线监测、风险趋势在线分析、两级督办实时跟踪，辅助业务人员发现业务开展薄弱环节，针对性制定应对措施，保障各级供应链管理风险全程可控。如对风险监督问题从专业和指标两个维度进行整体情况分析；对总部风险监督问题分析；对各省风险监督问题发生率、专业分布情况、数量同比变化情况分析；对风险监督问题原因从专业和指标维度统计分析等。供应链监督看板见图 5-5。

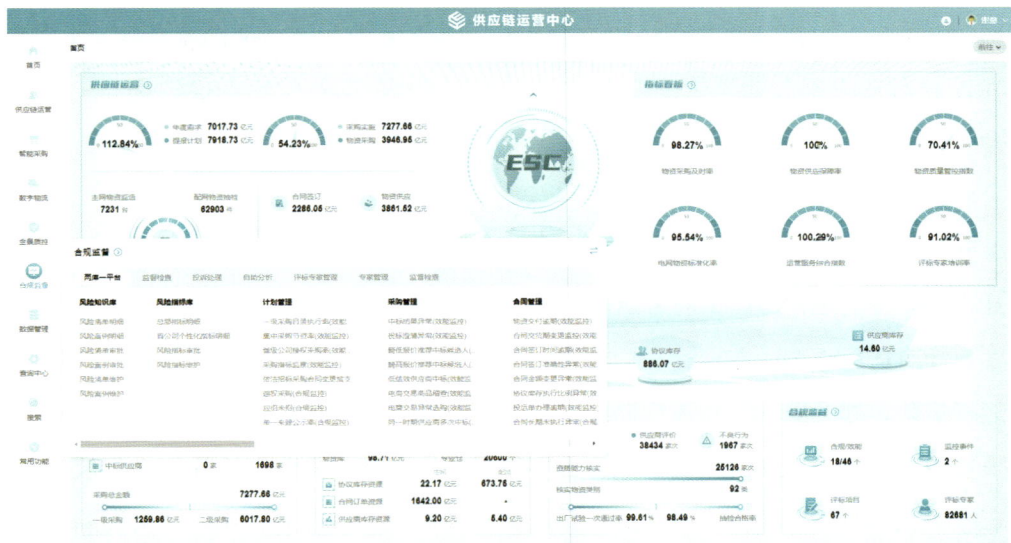

图 5-5 供应链监督看板

（三）平台运营

1. 两级管理工作机制

坚持"管业务必须管统计，谁产生谁负责"的原则，以"准确、统一、全面、智慧"为主线，构建"一级统筹、两级管理"的风险监督分析管理机制，以公司两级供应链运营调控指挥中心平台为支撑，建立一套"横向协同、纵向贯通、统一管理、分级负责"的协同联动工作机制，确保总部和省公司两级管理工作界面清晰、协同高效和联动畅通，持续发挥供应链数据核心资产价值，共同推动风险监督分析管理向更高质量发展，提前防范风险的发生。

2. 风险闭环管控机制

依托 ESC 平台线上数字化手段，搭建"三金一款""供应计划""平衡利库"等一系列风险监控模型，分级分类设置告警阈值，实现省市两级运营效能风险的在线识别、查看、分发、反馈、审核以及统计，并针对识别的供应链业务风险，通过风险督办单在线下发、定期反馈等模式，进一步强化两级运营风险督办机制，有效督促各专业及地市级供应链运营调控指挥中心及时处理潜在业务风险，使关键点前移，同时结合例会、月报等形式，定期发布风险督办闭环情况，做到业务风险的事前预警、事中督办、事后分析，提升风险防控效能，保障全链各环节合规高效运行。

3. 平台优化升级

按照"一级提升，两级应用"工作思路和"一级部署是常态、二级部署是特例"原则，ESC 平台由两级部署向一级部署优化，综合考虑各个功能的普适性、实用性、差异性，结合建议意义、建设内容、应用成效，对全网存量功能进行合并、优化、完善。

4. 成果跟踪问效

坚持"全面预警、系统研判、及时跟进、管理闭环"，根据梳理出新增风险督办点后，如存在需求，协同供应链运营调控指挥中心进一步制订专项在线风险监控督办方案，针对适用性强、普遍存在的问题开展相关数智化功能建设、应用，辅助防范业务运行风险，提升业务工作效率与服务质量。在线上风险督办进行反馈时，尤其是针对报警督办进行反馈时，要加强反馈内容质量，重点针对异常情况原因进行反馈，如存在线上数据与实际业务数据不符的情况，要及时反馈，开展核实，据实剔除，精准提升风险防控力度。

第三节 廉洁文化建设

新时代党风廉政建设面临着新形势、新任务。习近平总书记强调，全面从严治党永远在路上，党的自我革命永远在路上。供应链管理工作始终是国资国企监督的重点，监督的广度和深度不断扩展，监督手段的数智化发展不断深入。供应链管理工作涉及的重要环节多、专业领域广、利益主体多，任何一点疏漏都容易产生问题，特别是招标采购，一直都是廉洁问题的高发区，围猎风险重，社会关注度高。

国家电网公司坚持以习近平新时代中国特色社会主义思想为指导，深入学习党的十九大、二十大精神，贯彻国务院国资委、国家电网公司历年党风廉政建设和反腐败工作会议、纪检监察工作座谈等会议要求，深刻践行"党建+物资"，深入实施供应链管理"清风"行动，以廉洁文化建设为供应链风险防控工作保驾护航。

通过与供应链管理业务深入结合的廉洁文化建设，国家电网公司增强"四个意识"、坚定"四个自信"、做到"两个维护"、捍卫"两个确立"，紧密围绕中心、服务大局，坚持全面从严治党战略方针，深化"三不腐"一体推进，深入推进党风廉政建设，强化物资监督和风险防控，为公司和电网高质量发展提供坚强保障。

一、理念为"道"，夯实供应链廉洁文化基础

国家电网公司供应链廉洁文化建设坚持理念引领，通过对理念的正确理解，形成廉洁文化体系建设的基础。

夯实思想根基，捍卫"两个确立"。国家电网公司将学习习近平新时代中国特色社会主义思想作为长期坚持的首要政治任务。牢记"国之大者"，把贯彻落实中央决策部署与公司工作、供应链管理专业工作结合起来，围绕服务"双碳"目标、服务"六稳""六保"、服务经济社会发展、能源转型、电力保供、产业链供应链安全稳定等重点，统筹推进重点工作任务。

高举党建旗帜，强化战略引领。国家电网公司紧密围绕服务公司和电网高质量发展，紧密围绕推进公司党组各项决策部署在供应链管理领域落地实施，强化正风肃纪，强化风险防控，全面加强供应链管理合规监督和效能监督，为供应链可持续健康发展保驾护航，为公司和电网高质量发展提供坚强支撑。

二、教育为"法",营造供应链廉洁文化氛围

国家电网公司将持续的廉洁教育作为供应链廉洁文化建设的有效路径,通过教育切实增强供应链业务全员规矩意识和纪律意识,营造风清气正、干事干净的廉洁氛围。海报宣传示例见图 5-6。

图 5-6 《招标采购相关从业人员廉洁教育口袋书》推广海报

形成廉政党课常态机制。建立供应链各专业各级负责人讲廉政党课常态化机制,推进廉洁教育常讲常新。领导带头示范讲授党风廉政建设专题党课。坚持"每月一讲",

将廉洁教育列入月度政治学习的必修课。

形成廉洁自律承诺机制。每年组织物资从业人员签订廉洁自律承诺书，定期组织集体廉政谈话，不定期开展专项和单独谈话廉洁警示展板、提示上墙、上工位。制定印发《招标采购相关从业人员行为准则》《招标采购相关从业人员与供应商接触廉洁行为"八不准"》《招标采购相关从业人员廉洁守则》等廉洁规定，在招标采购、供应商资质能力核实及绩效评价、物资质量监督、合同签约履约等关键业务环节严格规范与供应商接触行为。编制由文化、法规、案例、风控四篇构成的《招标采购相关从业人员廉洁教育口袋书》，作为廉洁教育标准化教材，推动供应链管理专业全员对廉洁教育内容入脑、入心。

形成专家履职能力持续提升机制。国家电网公司关注评标专家胜任力建设，强化业务培训。统一安排评标专家教育培训的线上管理。通过集中培训、专业培训、评标现场培训、网络培训相结合的方式，评标专家履职能力得到持续性有效提升。充分发挥云课堂资源优势，推进评标专家专业培训讲师授课和培训材料共享资源库建设。

形成警示案例说法机制。以案说法，强化警示教育，实现供应链管理从业人员廉洁教育"全覆盖"，筑牢拒腐防变的思想防线。

三、组织为"势"，挖掘供应链廉洁文化深度

国家电网公司将组织作为供应链廉洁文化建设的强大体系性资源保障，深化"党建＋"工程，将党建成效推广延伸至供应链管理基层一线，推动廉洁文化建设与供应链管理业务深度融合。

层层落实责任，强化一线职责。弘扬"支部建在连上"优良传统，总结推广总部集中采购评标现场临时党支部建设应用成效，全面建成总部和省公司"1＋27"评标现场临时党支部体系。临时党支部在每批次评标前组织召开全体党员大会，宣读上级党组织管理要求和党员纪律要求，通过现场廉洁教育等多种手段加强对评标现场党员的学习教育和管理监督，组织评标现场所有人员签订廉洁保密承诺书，充分发挥临时党支部战斗堡垒和党员先锋模范作用。

深度融合业务，打造示范窗口。深入实施"党建＋物资管理"工程，推动廉洁建设工作与供应链管理业务深度融合。各单位建设廉洁文化长廊、开展廉洁漫画展，建设"一廊一室一角"特色廉洁文化阵地，打造公司"依法合规、阳光采购、优质保障、品牌示范"窗口。

四、数智为"术",提升供应链廉洁文化质效

国家电网公司供应链廉洁文化建设顺应供应链数智化建设发展大势,拓展数智化监督手段,围绕重点业务场景推进数智化监督建设,辅助提升廉洁文化建设质效。

拓展数智化监督手段。以"三全三化"物资监督体系为基础,建设"两库一平台"❶供应链数智化监督模块,对供应链全流程业务环节的作业风险开展数字化、智能化监督。依托供应链运营调控指挥中心,针对计划、采购等 10 项核心业务、62 个关键环节进行在线监控,从"人防"向"技防""智防"转变,从"被动防"向"主动做"转变,形成发现、预警、控制、处理紧密衔接的在线监督链条。

有效应用智能评标基地。紧密围绕采购及供应商资质能力核实等开展现场监督,建立完善现场监督工作机制。依托"1(总部)+27(省公司)"全封闭智能评标基地体系,智能监控系统评标情况、人员违规越界等关键环节,强化评标专家规范管理。

五、管理为"器",保障供应链廉洁文化落实

国家电网公司供应链廉洁文化建设坚持闭环管理思想,通过巡视和审计问题整改、调查核实相关投诉,以及通报、约谈、考核机制等管理工具的完善,保证廉洁文化建设得到真正落实。

完成巡视、审计问题整改工作。根据巡视、审计要求,及时组织相关人员进行访谈,严格按照相关流程做好所需资料的审核、提交等工作,就发现问题深入剖析成因,开展约谈和整改情况现场督导。针对性制定整改措施、立行立改、闭环落实,健全规范管理长效机制,扎实做好巡视、审计"后半篇文章"。

调查核实相关投诉。按照"从严从快、有诉必查、有错必纠、有责必问"的原则组织查处供应链管理投诉件,对于涉嫌违反供应链专业管理规定的,由国网物资部或二级单位物资管理部门进行核查;对于涉嫌违反廉洁自律规定的线索,及时移交驻公司纪检监察组。对于查证属实且典型突出的问题,及时开展问责,诊断剖析存在问题,提出整改建议,督促有关单位积极落实改进措施。

完善通报、约谈、考核机制。压实"两个责任",针对监督检查中发现的突出

---

❶ 两库一平台:风险知识库、风险指标库、风险监督预警平台。

问题，常态化开展问责工作，严肃查处违规违纪行为，有效衔接纪检监察部门"三转"❶改革后监督工作的正常开展。对发现问题数量较多或管理严重缺失的单位，及时对责任单位进行专题通报。加强对违规违纪责任的考核力度，对于内外部巡视、审计、监督检查发现的问题，按问题性质和影响程度设置不同考核系数和标准，对风险防控不力、监督工作不落实、问题整改不到位的责任单位严格考核问责，全面传递问责压力。

---

❶ 三转：转职能、转方式、转作风。

第六章

国家电网公司供应链风险防控典型案例

随着电力行业的快速发展和全球化趋势的日益推进，国家电网公司在供应链管理中面临着日益严峻的挑战。为了应对这些挑战，国家电网公司紧紧围绕中央企业战略宗旨和责任，参考国际先进供应链风险管理体系，在供应链风险管理中积极探索并不断创新实践，致力于推动数字化、智能化供应链风险管理体系建设。本章选取国家电网公司在供应链风险管理方面的典型创新案例，贯穿计划管理、采购管理、合同管理、质量监督管理、仓储调配管理以及监督管理等重要环节，详细介绍国家电网公司在供应链风险管理中的主要做法和应用成效。

第一节　国家电网公司计划管理风险防控实践与创新

典型案例一：基于全面计划管理的采购计划合规审查

案例单位：国网辽宁电力

（一）案例背景

《国网物资管理部关于进一步强化供应链领域审计整改工作的通知》（物资监察〔2022〕24 号）中提出要"防范'越权采购'、防范'应招未招'"，采购计划审查是供应链合规管理的"第一道关卡"。近年来，国网物资部总结各巡视审计问题，提出了需求计划精准储备、采购计划规范审查、采购方式线上管控、采购数据闭环反馈等一系列计划审查新要求，国网辽宁电力深入解读计划管理各项要求，探索了采购计划合规审查的合理方案和管理规范。

（二）主要做法

1. 精准预测需求

将需求管理工作前移，利用国家电网公司数据中台，获取发展、财务、基建等业务数据，包括综合计划、财务预算、项目储备、里程碑计划等信息，自动汇总、智能分析项目类型特征和需求规律，综合考虑基建、技改、大修等不同项目物资需求，构建科学的差异化需求预测模型（见图 6-1），对不同物资类别进行年度需求精准预测，形成采购需求计划储备库。

2. 科学安排批次

依据采购需求计划储备库，分析业务运行规律，统筹安排"班车＋专车"年度采购批次。利用物资需求申报演算模型，以物资交货时间为重点，根据采购批次时间节点及时发出物资申报提醒，使需求申报从"被动接收"转变为"主动提醒"，缩短专业间工作信息的传递链条，及时高效满足各方采购需要。

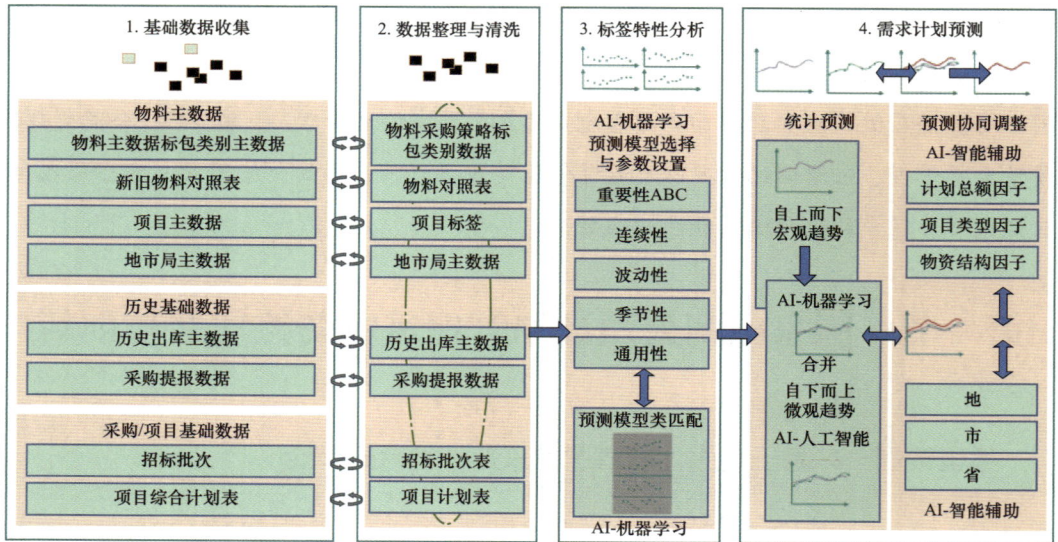

图 6-1 年度需求精准预测

3. 智能开展审查

（1）优化审查组织方式。利用远程审查平台，建立健全"省公司与地市、地市与地市"不同区域间以及"审查专家与项目单位、需求单位与设计单位"不同层级间的审查模式，综合考虑不同区域间管理模式和专家资源，滚动优化区域组织形式，创新开展"采购计划与采购文件联合审查"工作，提升总体审查质量。

（2）固化审查工作要点。编制结构化计划审查要点，构建符合计划审查、采购审查要求的和结构化、标准化的审查要点，滚动优化形成需求审查要点库。利用结构化审查要点，建立"需求编制、需求审查、需求提交"等需求计划不同阶段的智能审查应用，完善需求计划全过程监督闭环机制，减少需求编制过程和需求提报过程中的人工检查、统计工作，确保审查规则标准、统一、刚性。

（3）智能应用审查规则。开发需求计划智能审查辅助工具，将两级采购目录范围、采购方式、采购组织形式固化至 ERP，采用"系统线上校验＋人工经验复核"的方式，从计划源头杜绝越权采购、应招未招风险。实现对需求计划采购策略、ERP 关键字段、审查要点的线上智能校验和全流程管理，减少审查工作中大量人工重复性机械性工作，降低人为比对工作量，进一步提升审查效率、确保需求计划合规性。

采购需求智能审查示意图见图 6-2。

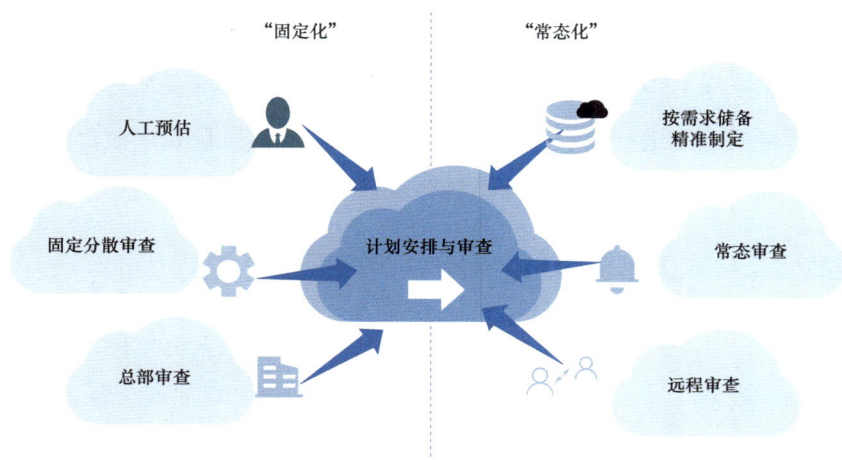

图 6-2 采购需求智能审查

4. 全过程管控

借助智能审查辅助工具强大的数据承载能力、灵活的分析功能以及可塑性强的特点，抓难点、补漏点、疏堵点，以全网采购数据为基础，构建采购数据统计分析体系，对项目物资需求进度和采购进度进行全景分析，定位影响工程物资采购的问题节点，实现计划全链闭环管控。

（三）应用成效

在全省范围内应用于各地市公司和直属单位的采购计划"测、编、报、审"全流程。在采购需求报送中，强化系统统筹和资源共享，不断减少人工操作，持续压缩申报周期，大幅提升工作质量和效率。在采购需求审查中，全面应用远程视频会议、自动评审工具等，在确保审查质量的情况下，降低审查成本，提升审查效率。在价值创造中，通过专业间深度融合，为供应链内部运行提供及时、准确、优质的源头数据，推动供应链智慧运营。

全面应用数字化系统开展需求预测，创新开展年度需求计划智能预测管理，构建需求计划储备库，动态掌握物资需求，推动物资需求计划预测向智能化、高效化发展。通过分析物资采购全过程时间节点制定数学模型，结合物资采购供应周期、采购批次计划安排以及项目里程碑计划节点等要素，精准匹配采购批次，主动提醒项目需求单位（部门）开展需求计划申报工作，在电网投资保持高位的形势下，保障重点工程物资及时采购。

开展采购计划与采购文件联合审查，突破时间、地域和专家资源的限制，大大降低需求单位、设计人员和物资专业等人员流动，节约审查工作成本，提升效率效益。

审查要点结构化部署，运用数字化手段严格执行两级采购目录清单，自动审批界定采购范围，严控非招标采购方式，对达到法定限额应招未招、拆分项目规避招标和跨目录越权采购等合规风险进行提示预警，从审核效率、审核质量和审核数据管理等多维度提升采购计划审核及时性、准确性、规范性。

典型案例二：人工智能助力全面计划合规采购管控

案例单位：国网浙江电力

（一）案例背景

随着绿色现代数智供应链建设的深入推进，供应链业务已转入数字化管理、智慧化运营的阶段，而传统服务类采购管理模式的标准化、数字化和智慧化水平均较为低下，服务技术规范书尚未完全实现标准化，服务需求审查过于依赖专家人工审核，导致服务采购需求编审工作效率低下、工作难度较高，极易产生需求不准确性问题，不能满足供应链新业态下的合规要求。国网浙江电力应用人工智能技术对现有服务需求的编制、审查等工作模式和方法进行深化变革。

（二）主要做法

通过全面梳理、重点突破、推进应用和滚动优化"四步走"方法，开展服务采购标准化探索实践工作。一是大幅延伸全面计划管理链条，首次将服务采购标准化纳入合规计划管控范围，并延伸至需求申报前端，深度关联服务主数据与技术规范书，创新建立服务采购商务和技术合规审查规则库，规范服务采购需求编制和审查要点；二是探索服务标准化体系建设，按需求、专业等不同维度针对性开展服务类采购技术规范书分类梳理，按"范本、模板、结构化"三个步骤建立技术规范分级体系，搭建服务类技术规范书分级分类电子库，进一步提高服务类采购标准化水平；三是研发"服务采购智能审查"数字工具，针对服务采购类别多样化、需求个性化和技术规范书文本化等特点，引入自然语言处理和深度学习等人工智能技术，开展服务采购智能审查研究及实践应用工作，实现服务类技术规范书"数字化"编制、智能索引及"一键引用"等功能。

（三）应用成效

服务采购标准化成果已在国网浙江电力集中招标，宁波、金华、舟山、丽水等多个地市授权采购中应用，取得显著成效。一是搭建"服务采购标准化"数字工具，建立服务主数据与技术规范模板关联规则，实现了技术规范"一键引用"和在线编制。服务需求的编制从人工、线下模板的编制变成了线上智能选填式编制，需求编制的效率提升了72%。二是建立服务审查规则库，并在数字工具部署，实现服务采购智能审查，服务采购审查从传统、单一的人工审查模式转变为"智能审查为主、人工复核为辅"的新型工作模式。三是进一步加强服务采购的标准化、数字化与智慧化，提高企业管理和采购工作的效率，服务采购审查用时由5天降为3天，不仅解放了专家审查精力，也大幅提升了审查效率和准确率；四是通过对服务采购源头进行风险治理，避免了在招标工作中出现需求不透明、不完善、不清晰等问题，持续优化营商环境，推动供应链生态圈良性发展。

典型案例三：强化合规监督推动计划管理精益化转型

案例单位：国网甘肃电力

（一）案例背景

企业在提高管理质效时，需要从专业特性入手，认真分析不同专业的业务流程、系统数据等要素中存在的堵点、难点问题，制定管理提升策略。物资计划管理作为供应链物资专业全业务开展的龙头引领，规范、准确、合规地开展计划管理工作，是公司提质增效和高质量发展的重要前提保障。国网张掖供电公司全面贯彻落实"好中选优"工作要求，聚焦风险防控能力提升，通过"主动超前、统筹协调、闭环管控"工作机制，实现物资需求精准提报，招标采购依法合规，物资计划管理精益化转型。

（二）主要做法

国网张掖供电公司运用ESC合规监督预警模块溯流而上，分析物资计划管理中易疏忽和遗漏的管理空窗，发现以下问题：

（1）项目管理单位私自撤销采购申请。项目管理单位依据自身项目建设进度采购物资、服务，由于前期的勘察初设不充分造成需求计划频繁改动，设备、材料需求变更时常发生，项目管理人员对计划业务合规管理意识不强，私自撤销已审批计划，引起系统相关数据变动，ESC合规监督预警模块发生预警，计划管理人员被动处置，造成计划管理业务合规性提升受阻，物资招标采购计划执行拖延、滞后。

（2）项目单位计划提报信息错误较多。项目单位在填写招标采购批次信息、交货期、交货地点等信息时存在个性化选择，未按照计划提报标准化要求进行规范填写。在协议库存需求提报时，项目单位的业务实际操作与合规管理流程、制度相脱节，信息填报随意性问题突出，各项目单位在需求侧物资计划提报管控和业务能力提升方面未投入足够重视，造成物资计划管理存在滑坡风险。

（3）未"上车"采购申请长期滞留系统。各项目单位计划采购申请提报时，存在"卡点上车"的情况，在采购申请出现错误退回修改时无法"按点上车"，导致此类采购申请长期滞留 ERP 系统。在后期项目需求变更时，项目单位又未能对滞留系统的废弃数据及时处置，也导致 ESC 合规监督预警模块发生预警。

根据以上问题，国网张掖供电公司物资计划管理通过主动介入项目前期，结合 ESC 合规监督预警模块预警功能，实施物资招标采购计划智慧管控，着力提升物资计划管理合规化精益化水平，最终实现物资计划管理从"被动应对"向"主动查补"的转变，有效规避了采购风险发生，保障公司持续健康高质量发展，主要措施如下：

（1）计划审核关口前移，计划提报准确及时。物资计划管理主动超前介入项目前期，充分了解项目建设规模、物资需求规模以及工程节点进度，强化与设计单位、项目单位的跨专业协作联动，从专业角度指导项目管理单位合理安排物资需求计划提报节点，做好重点物资审查的要点宣贯，严格年度需求计划、采购申请和技术规范书审查，确保招标采购需求计划能准点上车，物资供应质效得到保障。

（2）采购目录刚性执行，统筹协调强化管理。实施全面计划管理，刚性执行两级集中采购目录清单，组织项目管理单位对 ESC 预警问题开展深入分析，明晰业务开展规范流程，强化计划提报要点审查，通过常态化组织开展分析预警，不断提出物资计划管理合理化建议并抓好落实，促进物资计划管理合规、有序。

（3）加强全流程采购贯通，推动供应全链闭环。以物资计划管理为龙头，带动物资供应全链条及项目相关单位对各工程项目重点信息开展全专业、全环节核查比对，确保各工程项目"采购计划–采购订单–采购合同"全流程贯通，物资供应全链条闭环管控。

（三）应用成效

风险管理是企业可持续发展的基础保障，物资计划管理在合规准确执行方面仍面临诸多挑战，以双向发力推动风险管理与专业管理共同提升，赋能物资管理精益化、高效化转型，不但能促进公司发展再上新台阶，也将助力管理体系建设行稳致远。

1. 执行有劲力

通过主动介入项目前期，早准备、早部署、早实施，促进物资计划管理在合规的道路上不断前进，需求计划预测准确率、采购数据上报及时率、准确率等同业对标指标均达 100%，达到计划执行准确有力、公司管理提升加速的目的。

2. 保障有合力

物资管理跨专业、跨部门联动机制日益成熟完善，业务全流程各环节衔接流畅，ESC 预警问题全部及时跟踪处理，预警问题数量下降 70%，形成有效合力不断促进公司物资保障能力提升。

3. 监管有效力

通过刚性执行一、二级采购目录清单，加强计划提报审核力度，项目管理单位的计划提报质量显著提升，全面计划管理效率、效益、效能凸显，采购计划源头的规范化、合规性水平走上新台阶。

典型案例四：构建计划管理新模式，深化供应链源头管控

案例单位：国网天津电力

（一）案例背景

近年来，国家电网公司坚持设备"好中选优"，提升电网运行质量，打造绿色现代数智供应链，推行全面需求计划统一管理，为电网建设实现更高质量更有效率发展提供坚强助力。国网天津电力贯彻执行公司发展战略，落实需求计划统一管理要求，积极构建以"标准引领支撑、目录刚性执行、创新审查模式、全程在线管控、数智赋能增效"为核心的物资计划管理新模式，全面促进计划管理"三效"提升。

（二）主要做法

1. 标准引领支撑，巩固计划管理根基

持续深化标准化支撑和引领作用，制定"强化宣贯培训，延伸项目管理""优化协议执行，深化标准替代""严把审查环节，严控非标选用""指标压力传递，责任落实到人"等一系列管控措施，深度融合管控项目前期，在工程可研初设阶段开展物资标准化专项评审，推进物资标准化成果选用，充分挖掘标准化支撑保障作用，强基固本，为计划管理工作打下坚实基础。

2. 目录刚性执行，筑牢计划合规之墙

充分利用一级采购目录及审查要点执行采购项目，建立项目单位、审查专家、物资管理部门多重把控机制，确保一级采购物资高质量申报。按照"物料全覆盖"的原则合理制定二级采购目录清单，结合国网天津电力实际情况取消固定授权目录清单，增强集中采购规模效应，根据采购执行情况优化调整采购组织形式，充分发挥协议库存及框架协议灵活优势，进一步提升目录引领作用。

3. 创新审查模式，掌控计划管理之钥

全面建成采购计划与招标文件一体化审查基地，创新建立涵盖计划、采购、项目单位、审查专家的内外网联合审查模式，充分发挥联合审查优势，通过模式创新、标准创新、场景创新等方式，进一步提高了审查准确性、规范性和灵活性，为各项物资保障提供有力支撑，推动公司质量强网目标在津落地。

4. 全程在线管控，强化计划管理规范

全面推进国网天津电力两级集中采购、全资控股子公司采购、省管产业单位采购全口径通过电子商务平台实施，平台覆盖率达 100%。深入开展年度需求、目录管理、数据分析、服务框架、紧急应急、直接委托、平衡利库、监控预警等功能线上管控（见图 6-3），发挥 ERP、ECP、ESC、MDM 等信息系统协同作用，提升管控效率，保障依法合规。

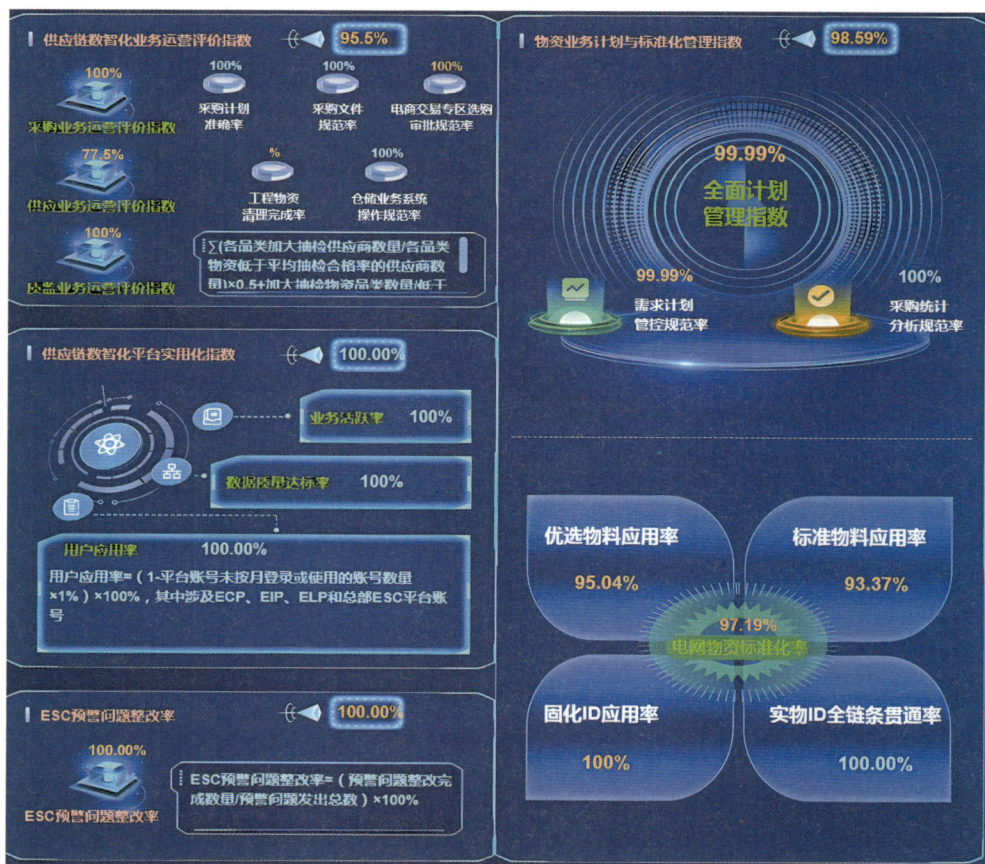

图 6-3　ESC 全过程数据监控

5. 数智赋能增效，提升计划审查质效

建立省、地市公司两级采购计划数字化审查模式，应用国网天津电力数据创新应用平台自主开发计划审查辅助应用（见图 6－4），改变传统逐个字段人工核查方式，将估算单价、交货方式等结构化审查要点转化为数字校验逻辑，对采购计划的规范性和完整性进行批量校验及合规预警，进一步提高审查效率。

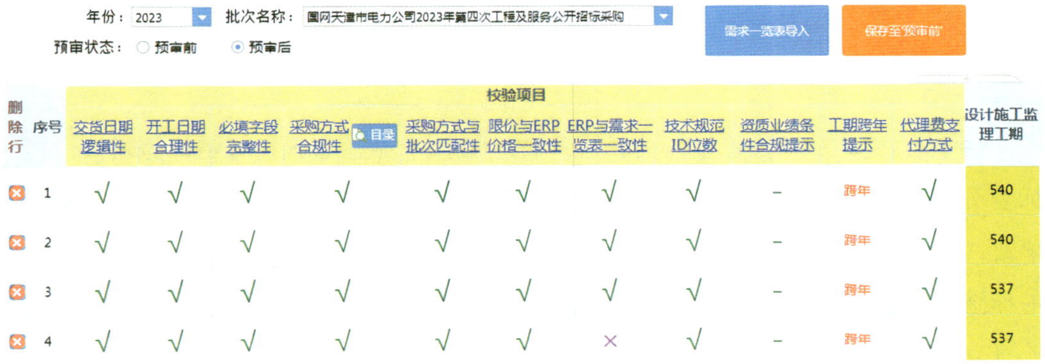

删除行	序号	校验项目：交货日期逻辑性	开工日期合理性	必填字段完整性	采购方式合规性	采购方式与批次匹配性	限价与ERP价格一致性	ERP与需求一览表一致性	技术规范ID位数	资质业绩条件合规提示	工期跨年提示	代理费支付方式	设计施工监理工期
☒	1	√	√	√	√	√	√	√	√	-	跨年	√	540
☒	2	√	√	√	√	√	√	√	√	-	跨年	√	540
☒	3	√	√	√	√	√	√	√	√	-	跨年	√	537
☒	4	√	√	√	√	√	√	×	√	-	跨年	√	537

图 6－4　数据创新平台智能化审查

（三）应用成效

1. 率先建成一体化审查基地，协同管控提升计划管理质效

建成国家电网公司首家具备内外网协同审查功能的采购计划及招标文件一体化审查基地，通过搭建安全可靠的内外网环境，进行采购计划与招标文件一体化协同审查，实现审查问题及时退改、审查记录全程留痕，减少各环节衔接等待时间。缩短审查时长 30%以上，提高计划审查准确率至 99.5%以上。

2. 创新计划审查形式，提高采购计划规范性审查效率

通过数智化审查形式有效指导需求部门、物资管理部门对采购计划填报数据的规范性、采购流程的合规性进行校验和查改，各级采购形式的批次计划审查均无需人工逐一审核比对，有效杜绝因人工审查而带来的不可控的失误，审查时间缩短 80%以上，时长由 1 天以上变为秒级，采购计划填报规范率达 100%，极大提高采购计划规范性审查效率。

3. 长效开展标准化体系建设，支撑保障作用成效显著

持续深化物资标准化支撑保障作用，建立“物资主数据按需新增、固化 ID 季度修编”管理模式，规范审查及编制流程，积极承接物资及服务标准化提升试点工作，修正通信及服务类物料主数据，编制审核两级固化 ID 需求，优化完善采购标准体系，

有效提升国网天津电力标准化水平。

第二节 国家电网公司采购管理风险防控实践与创新

典型案例一：评标专家出席评标活动合规风险防控

案例单位：国网物资公司

（一）案例背景

《中华人民共和国招标投标法》三十七条规定："依法必须进行招标的项目，其评标委员会由招标人的代表和有关技术、经济等方面的专家组成，成员人数为五人以上单数，其中技术、经济方面的专家不得少于成员总数的 2/3。评标委员会成员名单在中标结果确定前应当保密。"评标专家作为评标委员会的重要组成成员，其评审工作的有效性对采购活动的公平、公正开展至关重要。为加强评标专家参加评标活动过程中的合规风险防控，国网物资公司从专家抽取通知、专家报到、专家评标现场活动各环节强化评标专家的合规监督管理，实现评标专家信息泄密风险、业务风险等可控、能控、在控，保障招标采购业务规范开展。

（二）主要做法

国网物资公司严格按照国家法律法规，基于电子商务平台组建评标专家库。依据《评标专家和评标专家库管理暂行办法》的要求，从工作经历、工作业绩、从事申请专业领域工作年限等方面，选取熟悉电网工程建设项目的专家入库，以保障高质量采购活动开展。在严格评标专家入库合规管理基础上，国网物资公司也加强了专家使用的合规管理，并始终坚持将评标专家合规管理建设与业务管理、业务流程、信息技术一体化推进，通过管理机制和技术手段有机结合，建立了评标专家合规风险"联防联控"网络，其中评标专家出席评标活动合规风险防控主要做法如下：

1. 专家抽取通知环节

（1）专家信息保密。国网物资公司在电子商务平台编制采购项目专家抽取方案，明确专家需求专业、各专业人数及能力水平要求、回避单位等。由专人通过电子商务平台一键自动抽取专家，系统自动短信通知专家，专家通过短信回复是否参加评标。系统设计的关键点在于电子商务平台根据各项目专家抽取方案随机匹配专家库中的专家，为被抽取的评标专家随机分配一个编码，以此编码作为专家抽取通知环节系统与专家信息交互的唯一标识。该设计实现评标专家信息由随机编码代替，专家抽取人可视操作界面显示的专家信息完全脱敏。同时专家方案编制人、抽取人、审核人岗位独立设置，不得兼任，确保了评标专家抽取各环节信息的有效隔离与保密，保障专家报到前，所有人员均无法获取具体专家信息。

（2）评审项目信息保密。国网物资公司设置评标专家接收的评标通知短信内容仅包含报到时间、地点，确保专家在报到前不知道评审项目、采购内容等信息，防范专家泄密风险。

（3）专家出席次数限制。国网物资公司通过电子商务平台对评标专家年度出席评标活动次数进行限制，原则上评标专家每年出席国家电网公司总部和各单位评标活动次数各不超过 1 次（特高压、电源等特殊项目不超过 2 次），杜绝"常委专家"出现。

（4）评标专家抽取人数监控。国网物资公司针对招标项目，通过电子商务平台对抽取的专家人数进行限制，系统限制平台抽取的专家人数不少于评标委员会总人数的2/3，否则无法在电子商务平台开展组建评标委员会操作。

2. 专家现场报到及评标环节

（1）评标现场监督。国网物资公司在封闭的评标基地内开展评标活动。专家自助报到时，系统自动核对专家人、证信息是否一致。确认一致后，通过安检设备检测，严禁所有进入评标基地人员携带通信电子设备。评标现场商务组、技术组物理隔离，越界报警，防范专家内部串通。通过电子定位、录音电话在线监控、音视频监控等全方位智能化管控手段对评标现场包括专家在内的各类人员的工作纪律、活动区域、指向性言论等情况进行全过程监控，及时发现、制止违规违纪情况，切实有效发挥专家监督作用。

（2）评标专家日常评价。在评标现场，国网物资公司、监督专家从业务能力、工作态度和廉洁纪律三方面对评标专家履行职责情况进行评价。针对廉洁纪律评价实施"一票否决制"，在评标现场出现违规违纪行为的专家，其评价结果一律为"不称职"，对评价不称职的专家将进行冻结或退库处理。

（3）评标专家廉洁教育。国网物资公司每次在评标现场组织评标专家签订廉洁保密承诺书，且每年组织评标专家签订廉洁自律承诺书。在评标工作开始前，对评标专家开展招投标相关法律法规和廉洁自律方面的教育培训。在评标现场成立临时党支部，发挥党员带头和监督作用。

（三）应用成效

评标专家出席评标活动合规风险防控有效推进合规工作的"功能前移"，主动识别、评估和监测风险，将风险"防患于未然"，保障了评标过程的公正性、透明度和合法性，降低了业务风险，提升了专家专业水平，维护了企业声誉，促进了整个招标采购体系的健康发展，主要体现在以下四个方面：

1. 保障评标活动公平公正

评标专家出席评标活动合规风险防控有助于保障评标过程的公平公正，避免评标专家受到不正当因素的影响，从而保障投标人的权益，减少舞弊和不正当竞争现象；同时有助于提高评标过程的透明度，确保评标专家的评审标准和决策过程被监督和审查，防止信息不对称和不透明的情况。

2. 减少管理风险

评标专家出席评标活动合规风险防控有助于增强风险"技防技控"能力，通过对业务关键点流程优化和信息技术应用，完全杜绝专家信息泄密、常委专家、评标委员会抽取专家人数不足 2/3 的风险，有效防止评标专家从事违规行为，避免可能导致法律诉讼或纠纷的情况发生，进而降低法律、道德和声誉等方面的风险。

3. 提升专家综合素质

评标专家出席评标活动合规风险防控有助于提升评标专家的专业水平和素质，通过加强评标专家现场监督、日常评价和廉洁教育，促进评标专家强化工作合规意识，规范工作行为，提高专业能力，从而提高评标结果的质量。

4. 优化专家资源配置

评标专家出席评标活动合规风险防控有助于优化专家资源配置，促进评标专家的选聘和使用合理、公平，避免资源的浪费和滥用。同时合规风险防控加强了对评标专家行为的监督机制，若评标专家存在违规违纪行为，专家库管理方面将予以专家冻结或退库处理，从而强化了专家管理的有效性。

典型案例二：数智监督技术全方位防范评标过程合规风险

案例单位：国网浙江电力

（一）案例背景

重点工程及大规模物资采购是权力寻租的高发、易发领域，也是政府监管的重点和社会关注的热点。评标阶段产生的违法违规行为点多面广、隐蔽性强，传统的监督手段已无法满足相关监管要求。国网浙江电力采用数智监督技术全方位防范评标过程合规风险，评标基地在物理分区基础上，聚焦人脸识别一脸通、智慧基地评标数据中心、智慧监督管理系统、专家辅助指导工具等先进监督技术手段，全面提升评标过程合规风险智能防控水平。同时，以评标专家管理"三力建设"为目标，通过需求分析、策略选型、系统构建、数据建模"四步曲"，实现评标专家资源的科学规划、精准配置和评标专家管理的敏捷反应、高效协同，推动评标专家库管理向专业化、精细化、智能化转型升级。

（二）主要做法

1. 硬件方面

系统硬件主要包括人、证比对闸机，智能储物柜，健康手环，人脸识别系统（包括人脸抓拍摄像头、考勤机、门禁、隔离闸机、无卡入住等），监督移动手持终端，自助录音电话亭，竞谈叫取号一体机。实现投标文件的远程接收、解密，确保招投标全流程电子化项目的顺利实施。

硬件应用生物识别技术，管控监督对象活动轨迹，在关键出入口部署摄像机识别人脸图像，实现储物柜、评标会议室、住宿房间、录音电话亭的"刷脸准入"，精准定位评标专家活动轨迹；对竞谈类项目部署取号系统，专家控制端对竞谈叫号，供应商按序竞谈，保证竞谈过程有序、规范；研发自助录音电话亭，人性化开展监督，电话录音系统自动记录留存使用者身份、通话时间、拨出号码、通话内容，在保留私人空间的同时，无死角监督专家行为。

2. 软件方面

系统软件主要包括开发专家评标指导工具与监督智能化管理系统，提升评审和监督质效。同时搭建智慧评标基地业务数据中台，统筹管理各分散的信息系统，连接数据孤岛，实时掌握评标状态和专家动态，主要包括项目概况、标书接收及评标进度情况、专家报到情况、专家健康状况、报警信息（包括专家违规及健康隐患信息）以及人员定位、轨迹追踪等功能。

软件主要开发专家评标指导工具，实时提醒专家评审事项、演示操作示范，整体提升评标效率；开发监督智能化管理系统，实现现场监督线上作业，标准化监督报告一键生成，专家签名电子化印章；打造智慧评标数据中台，全息展示评标过程信息，全面融合评标现场各项业务数据，实现开评标现场多维关键信息一屏展示。

（三）应用成效

1. 评标专家指导工具大幅提升评标现场专家工作效率

评标专家指导工具通过向导式辅助、个人信息确认、廉洁教育视频观看、评标须知和评审流程查看以及评审点填写等功能，为专家提供全面的评标支持，旨在提高评标现场的工作效率，确保评标的公正、公平和透明。

2. 数智监督管理系统大幅提升监督规范性和监督效率

国网浙江电力开发的数智监督管理系统，通过电脑端监督现场智能化管理平台和PAD 端智慧监督 App 的组合，大大提高了监督工作的规范性和效率。该系统支持评标中台异常与告警信息报送、专家考勤信息跟踪和监督巡视任务导引等功能，使得监督专家可以轻松管理和跟踪监督活动的所有相关数据和信息，实现监督工作的智能化和数字化，大幅提高工作效率和质量。

3. 智慧评标基地业务数据中台全方位掌控评标过程进度

智慧评标基地业务数据中台通过全方位掌控和调度评标过程进度，提高了评标过程的管理效率和决策能力。这有助于确保评标工作的规范性和公正性，同时提高整个评标过程的透明度和可追溯性。通过使用该中台，相关人员能够更加高效地进行项目管理、监督和评标工作，实现更好的业务协同和管理效果。

4. "三力建设"专家管理持续提升合规监督工作水平

"三力建设"专家管理通过提升评标专家的"资源配置力"、"资源保障力"和"履责胜任力"，有效提高了合规监督工作水平。这种管理模式注重技能培训、技术手段和运营保障等多个方面，以确保评标专家具备专业能力和高效履责的能力，从而为提高评标质量和效率奠定了坚实基础。

典型案例三：防范供应链风险，精益提升境外资产采购监管

案例单位：国网国际公司

（一）案例背景

当前全球政治经济不稳定，给境内外供应链管理带来诸多不确定性。随着境外资产数量及规模的增长，国网国际公司在境外资产采购运营和监管过程中所面临的问题和挑战也逐渐增多。供应链管理作为企业运营管理中的重要部分，本身受到境外资产所在国（地区）政治经济环境、人文环境、公司治理结构差异等多方面因

素的影响，存在所涉范围广、地区差异大、采购来源多样、程序复杂、价格不稳定等问题，难于统一进行管控，对境外资产供应链管理及其风险管控需要系统性的分析研究解决。

（二）主要做法

1. 科学设置供应链管理组织机构

针对境外所在国的实际情况，国网国际公司将各级机构科学归类并对应设定管理组织机构。国网国际公司本部建立了供应链管理组织机构及领导决策机构；境外全资子公司可根据所在地情况，不同层级的决策机构审批对应金额，设立明确的专业归口管理部门，明确联系人责任到人；针对驻外高管团队、境外平台，明确本部对应的专业归口管理及专业管理部门，机构本身设置采购相关专（兼）职人员。

2. 建立境外属地化采购机制

境外全资及控股公司所有采购需求，按照属地化原则进行采购，即按照因地制宜的原则，结合当地法律法规、境外机构自身实际及行业惯例等情况合规执行，引入国家电网公司先进的供应链管理理念及经验，持续完善招标采购机制；采购结果按照境外公司内部要求，根据项目金额，对应不同的审批层级进行审批，并按时定期报国网国际公司备案；境外参股公司采购工作按照当地公司内部要求，国网国际公司通过董事会或高管团队等参与管理。具有自主采购决策条件的驻外高管团队须按照各自制订的采购规则及公司计划和预算管理要求开展自主采购，每年年底向国网国际公司备案采购结果；不具备自主采购决策条件的驻外高管团队按照属地化管理原则开展采购后，需将采购结果报国网国际公司履行相关审批程序后实施采购。

3. 开展境外采购风险管控研究

国网国际公司与境外各级公司的风险管控部门、业务职能部门等多方联动，通过组织外部机构课题研究、内部团队调研等形式，对所属南美洲区域的四家全资或控股公司进行调研，分析研判境外采购监管模式及内外部采购资源配置，并有针对性的为部分境外公司提出供应链管理运营优化指导意见，为后续优化风险管控模式、提升监管水平奠定良好基础。

（三）应用成效

1. 有效提升境外业务供应链管理合规水平

供应链管理方面差异化的组织机构建设及风险管控，通过属地化管理模式，确保在满足当地法律法规监管要求的前提下满足各公司实际采购需求，持续提升境外供应链风险管控水平及合规水平。

2. 助力国网国际公司兼顾"合规"与"效率"

通过系统调研分析各主要境外公司情况并形成优化方案及指导意见，及时有效的应对了各境外机构治理体系差异化而带来的运营挑战，建立健全风险防控机制，确保在满足当地法律法规监管要求的前提下实施符合效率效益原则，持续提升经营效率，有针对性的提升采购质效。

3. 推动绿色现代数智供应链理念与境外供应链管理有机融合

在确保满足境外资产所在国（地区）监管要求、充分尊重各境外机构采购业务差异性的前提下，将绿色现代数智供应链的指导思想充分融入境外供应链统筹管理工作中，促进国家电网公司管理理念与境外供应链管理有机融合。

典型案例四：建机制、控风险，规范专区物资选购及执行

案例单位：国网四川电力

（一）案例背景

专区物资选购具有品类多、操作便捷、供应高效、需求分散等特点，如果专区物资选购及执行关键环节管控不到位，易发生虚假采购、私下换货等以权谋私、违规违纪风险和问题。国网资阳供电公司为加强专区物资选购及执行合规管理及风险管控，自 2019 年以来，通过不断修订完善制度、优化选购流程、制定选购标准，实行集中收货验收、统一配送模式，建立了专区物资选购及执行采购全过程合规管理和协同监督机制，有效防控电商选购执行过程中潜在管理风险和人员违规违纪廉洁风险。

（二）主要做法

1. 落实管理要求，优化完善管理制度

国网资阳供电公司结合网省公司专区化采购管理相关规定，制定《电商化采购执行管理实施意见（试行）》，编制《零星物资及办公用品选购管理"一张图"》（见图 6-5），并下发《零星物资及办公用品选购专区物资集中配送的通知》，明确各级职责权限和请购账号、收货验收、集中配送、供应商绩效评价等环节管理要求（见图 6-6），对选购及执行全流程进行了规范，确保专区物资选购及执行全过程管理合规、关键环节风险管控到位。

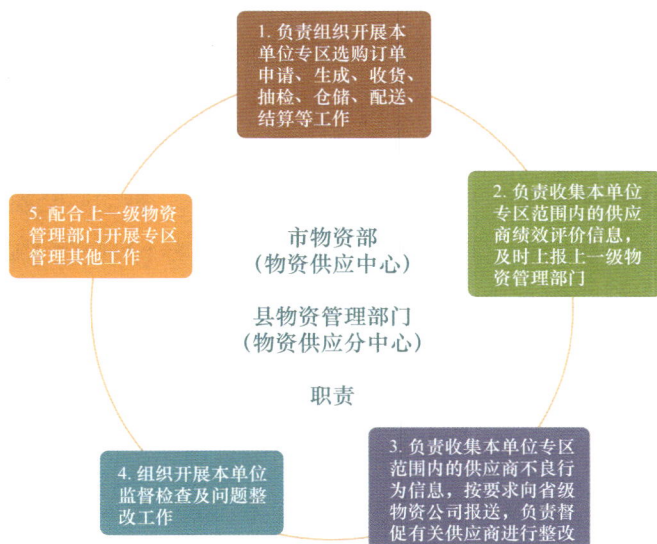

图 6-5　零星物资及办公用品选购管理一张图

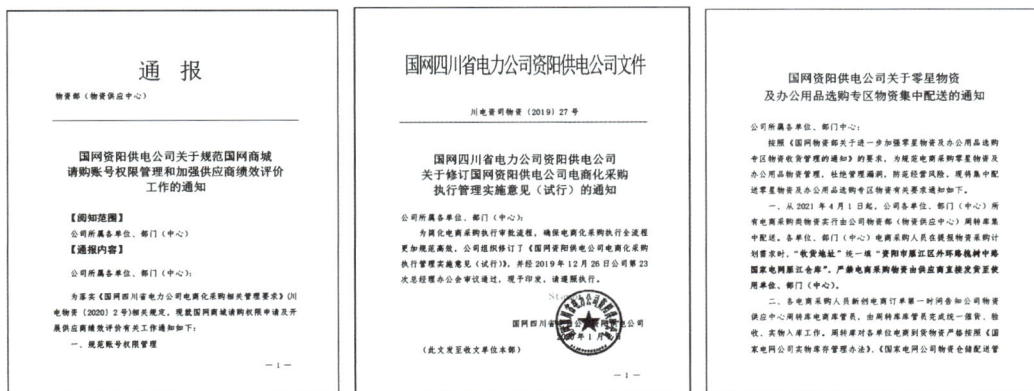

图 6-6　国网资阳供电公司电商管理相关文件

2. 严把关键"五关"，健全风险管控机制

（1）严把选购计划审核关，规范电商选购行为。建立财务部门、业务主管部门、物资管理部门协同审核机制，根据选购物资金额确定审批层级，有效约束关键敏感岗位人员自由裁量权。实行"比质比价""优选低价"选购策略，依据资金来源、商品截图、选购理由进行审核，降低电商物资采购成本，有效防止超范围采购或指定供应商等行为；严格执行"先利仓、再利库、后采购"要求，推动库仓积压物资消纳。

（2）严把到货集中验收关，防止虚假采购行为。坚持"先验收入库、再凭单领用"原则，实行本部、各单位（中心）专区选购物资到货由物资管理部仓储人员集中验收。物资管理部仓储人员会同需求单位技术人员现场开箱验收、拍照留存，做到订单申请人、物资验收人、实物交接验收人岗位分离，确保下单与到货物资一致，有效约束虚假采购行为，降低关键敏感岗位人员徇私舞弊的潜在风险。

（3）严把物资统一配送关，杜绝私下换货行为。2021 年 4 月起，国网资阳供电公司所有专区物资由物资管理部仓储配送班集中收货、统一配送（见图 6-7）。严禁专区选购物资由供应商直发使用单位（中心），有效防范私下换货等违规风险。

图 6-7 仓储配送班集中配送需求单位

（4）严把商品质检评价关，保障物资供应质量。《国网资阳供电公司关于规范电商交易专区物资抽检评价工作的通知》规范"一单一评价"责任主体及抽检范围等内容，确保抽检和评价客观、公正，监督供应商供应质效。

（5）严把合同结算关，防范合同履约风险。坚持"货到入账"原则，在交货期到期前 15 天开展物资及发票催收，入库后通过 ERP 系统发起支付申请，财务完成审批及支付。通过每周下发 ESC 预警数据，重点跟踪处理收货、挂账、支付预警信息。有效防止未到货先入账、未到货提前支付等合同履约风险。

3．加强监督检查，牢筑采购廉洁防线

（1）建立监督机制。建立基层单位月度自查、季度交叉检查、物资管理部半年专项检查的常态化监督工作机制，充分发挥各级物资管理监督职能。

（2）建立预警机制。定期分析、通报专区物资选购及执行情况，对发现的风险和不规范的情况，下发预警整改通知书，督促责任单位（部门）对相关问题整改（见图6-8）。

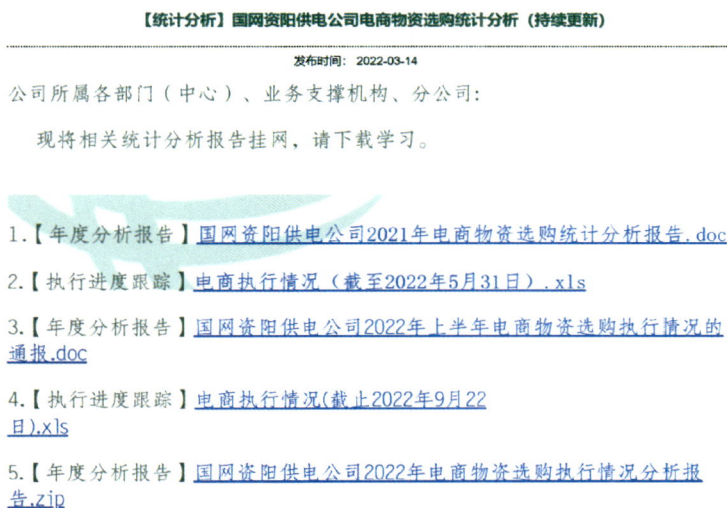

【统计分析】国网资阳供电公司电商物资选购统计分析（持续更新）

发布时间：2022-03-14

公司所属各部门（中心）、业务支撑机构、分公司：

现将相关统计分析报告挂网，请下载学习。

1．【年度分析报告】国网资阳供电公司2021年电商物资选购统计分析报告.doc

2．【执行进度跟踪】电商执行情况（截至2022年5月31日）.xls

3．【年度分析报告】国网资阳供电公司2022年上半年电商物资选购执行情况的通报.doc

4．【执行进度跟踪】电商执行情况(截止2022年9月22日).xls

5．【年度分析报告】国网资阳供电公司2022年电商物资选购执行情况分析报告.zip

图6-8 统计分析报告、预警信息动态管控情况专栏

（3）开展业务培训。每年开展专区物资选购、履约、评价业务培训，确保专区请购人员、收货验收人员、配送人员熟练掌握专区物资选购及执行相关流程和关键环节规范管理要求，不断提升电商物资选购及执行规范化水平。

（三）应用成效

通过构建选购业务全覆盖、关键流程全管控、重要岗位全监督的风险防控体系，实现电商采购执行管理的"一清零两提升"。

1．专区选购全业务链条数智化监控红色预警清零

深化ESC应用，确保电商物资选购执行过程风险可控。通过建立预警信息动态管控、电商评价跟踪处理等机制，实现了专区选购全业务链条数智化监控红色预警清零。

2．提升电商选购物资供应质效

采用"比质比价""优选低价"选购策略，有效管控电商选购物资成本；采取"集

中收货、统一配送"方式，管控关键环节，确保电商选购及执行的风险可控、在控、能控；加强业务监督考核，推动质量抽检和供应商评价常态化，促进供应商良性竞争；实行全过程合规管控机制，保障电商物资及时供应，杜绝粗放管理。

3. 提升电商采购执行合规水平

落实电商选购执行全业务环节合规管理要求，将廉洁风险防控措施融入前期商品选购计划审核、中期集中收货验收统一配送、后期履约评价预警通报、事后监督检查督促整改四个环节，有效防范虚假采购、私自换货风险，健全了"不敢腐、不能腐、不想腐"的管理机制，廉洁风险防范能力得到有效增强，保障公司利益。

第三节　国家电网公司合同管理风险防控实践与创新

典型案例一：科技赋能，提高合同审批效率和准确性

案例单位：国网浙江电力

（一）案例背景

随着电网工程项目建设和投入的持续加大，电网企业与外部企业合作也日益紧密，合同作为连接双方的纽带，在明确双方权利与义务，规范供需关系、维护市场秩序，防范全链经营风险方面的功能价值，尤为凸显。

从近年来内外部审计、巡视巡察、内控监督检查及日常管理等发现的问题来看，公司合同签订工作仍存在一些薄弱环节。由于涉及业务系统繁多，管理链条上各部门独立运作，极易出现合同签订内容与前端招标采购结果、后端供应履约需求不一致的情况，存在合同超期签订、合同"倒签"、合同条款有瑕疵等风险。

因此，国网浙江电力推广合同标准化、电子化管理，实施合同签订内部管控，对合同签订进行规范化管理，提高合同审批效率和准确性，减少合同错误和信息泄露风险，加强对合同签署行为的自我约束，以确保企业合规经营和可持续发展。

（二）主要做法

1. 以人为本，确保合同签订准确、及时

为确保合同签订准确、及时，一方面，国网浙江电力效仿"联产承包责任制"实行项目经理制，将合同签订任务按批次落实到具体责任人，项目经理作为合同签订的主要责任人，在合同签订中对合同各关键要素的准确性进行把关，同时对签订过程中

各环节的时间节点进行监控，为合同的准确、及时签订负责。

另一方面，加强员工的合规意识和业务能力培训，提高员工的法律素养，夯实合规管理基础。编制合同签订操作手册明确合同签订风险点，提高业务人员的专业技能，通过编制操作手册对合同签订环节中各关键要素及风险点进行备注明确。如在合同签订的准备阶段，需核对合同依据和流转计划条目数（根据招标文件标包数核对中标通知书数量、中标货物清单条目数）。如在合同起草阶段，①核对合同数量：根据 ECP 流转条目按照同标、同包、同供应商、同需求单位的原则人工计算合同数量，与 ECP 批量生成的合同数量进行比对，避免合同拆分，从而影响合同支付比例；②确认中标通知书时间：根据中标通知书落款日期确保合同在 30 天内完成合同签订；③明确最近交货时间：按照已分配中标结果中最近的交货时间，尽量确保在此之前完成合同签订，避免合同交货日期倒挂等。

2. 多系统贯通，确保合同签订"不掉线"

建立统一的通信规则和数据标准，打通 ECP、ERP、经法等信息系统，数据在多系统之间自由传递和同步，并在需要时及时提醒。详细做法是：采购部门在 ECP 系统上完成采购后，将采购结果自动推送至合同签订模块，合同经办人员按照采购结果以及采购时约定的合同模板在 ECP 系统上自动生成合同草稿；供应商在系统的外网端，对合同相关信息进行确认；合同双方确认完成后，合同关键信息数据传至 ERP 系统生成采购订单；订单信息、合同文本信息及采购数据通过非结构化平台传至经法系统，进行合同会签审批，监督合同签订的流程和结果，确保签订内容和流程合法、合规，合同条款真实、完整；经法审批完成后生成经法合同编号，回传至 ECP 系统，进行电子签章和合同生效。合同签订全流程线上化，严格保证了按照采购结果签订合同，避免由于人为因素导致的签署错误和漏签等问题，提高了签署的准确性、合规性和精细度。

3. 探索区块链存证，解决电子合同"存证查"

为确保签署的电子合同的真实性、完整性和法律效力。国网浙江电力采用符合国家法律合规的电子签名技术，CA 数字证书加电子印章，同时探索建设基于区块链存证的电子合同签署平台，将各业务系统不同业务场景下的签署行为信息、时间戳信息、身份校验等关键数据的哈希值存证至区块链平台完成数据上链，通过与北京互联网法院平台建设的司法区块链、天平链等司法联盟链对接，司法区块链反馈存证编号，通过上传原始数据和存证编号，在线勘验电子数据的真实性。借助权威司法节点共同鉴证，确保过程留痕，提供区块链存证证明、鉴定等司法服务，解决了电子合同数据易改无痕、易丢失，以及客户对电子合同司法效力存在质疑等风险，避免电子合同失效。

（三）应用成效

1. 提升合同签订效率及合规性

通过统一的流程和明确的分工，使得流程更加标准化，员工合规意识得到提高，有效提高了合同签订效率，线上签署能够减少人为错误，减少不必要的时间和成本支出，提高合同的处理效率。电子合同签署可以记录合同签署的每一个步骤，包括用时、历史版本、参与人员等信息，有效增强合同的规范性和可追溯性，最大限度地降低合同交易的风险和成本，保护公司的利益。

2. 提高了合同的安全性和保密性

采用符合国家法律合规的电子签名技术及区块链存证技术，保证了合同的保密和安全性，系统通过对用户账号管理、身份验证、数字签名及加密等多项安全措施，有效防止用户身份信息的泄露，保护合同的安全性及保密性，防止数据窃取和篡改。运用区块链共识机制在第三方节点进行可信存证，为电子合同签署双方提供无差别的举证服务和司法服务，保障电子合同签署的法律效力。

3. 助力建立良好的企业形象

通过合规的电子合同签署方式，节省合同打印、签署、供应商差旅成本。真正做到了服务供应商，改善营商环境，践行供应商业务办理"一次都不跑"的服务理念。同时传递了成熟、专业和负责的企业形象，对外营造出信誉良好的企业形象。

总之，实施合同签订内控合规管理是企业管理的一项必要工作，可以有效降低合同交易时的风险，提高合同管理的效率和准确性，保护企业自身的合法权利，为企业的长期稳定发展提供更好的保障。只有在合法、合规的管理下，企业才能稳定发展，并在日益激烈的市场竞争中赢得优势。

典型案例二：合规智能结算、打破多重壁垒

案例单位：国网青海电力

（一）案例背景

近年来，国网青海电力通过智慧供应链平台建设，已经实现物资合同结算业务数字化管理。然而，愈是依赖全流程线上化的处理方式，对款项按期支付与资金安全

管理等方面就愈有更高的要求。在物资合同结算智能化建设进程中，往往会面临如下痛点：

1. 业务信息协同不够

物资合同结算业务涉及多个平台，平台之间的数据交互与业务流转不及时、不充分，业务人员跨平台操作易引发失误造成风险，包括违规操作流程办理业务、不正确接受或录入指令、系统接口存在隐性缺陷、业务办理不及时等。

2. 业务操作流程繁冗

物资合同结算业务从履约保证金收取到结清款支付，流程节点多，办理周期长，如未及时察觉经营环境与业务流程的改变，合规管理与流程、制度脱节，易造成合同款项结算疏漏、逾期，引发企业诉讼、审计的风险。

3. 业务监控盲区较多

物资合同结算业务的重点管控环节较多，关键监控节点分散，如无法真正做到业务流程动态监测、合规事件风险及时预警，将面临合规"散点"式管理，监控过程中缺乏全面性和量化标准，易存在监控的真空地带。

（二）主要做法

国网青海电力基于合同结算业务流程优化，结合信息化技术，践行数字化思维，建成物资合同智能结算平台，将风险管理要求嵌入在平台的合同全流程中，将风险点关联到业务的比对、校验、审核中，形成风险自动化管控新模式，实现风险管控从"静态管理"向数字化"动态管理"转变，提高"技防技控"能力。

1. 梳理业务流程，搭建合规风险管理框架

按照国家电网"五位一体"合同业务标准体系建设要求，梳理打造高效适用的合同结算业务流程，通过物资合同智能结算平台进行权限管控，将结算流程明确到执行环节和监管环节（见图6-9）。执行环节满足快结算要求：①结算票据线上办理，节省人工通知、审核、签收等办理时间；②支付申请自动发起，避免人为操作因素导致延迟或漏发。监管环节满足严格审核要求：①业务单据协同比对，敦促合同款项支付有据可查、合法合规；②付款状态实时监控，确保结算流程能互联高效执行。通过流程全面排查潜在的合规风险，建立合规风险管理框架。

2. 推进信息互联，打造合规管理数据城池

通过物资合同智能结算平台进行数据汇集，应用机器人、语言识别、图像识别等新技术，对采集的数据进行分类抽取、提炼。①将涉及合同结算的各平台数据（ERP、

ECP2.0、财务管控、经法系统等）按状态进行自动收集；②将纸质票据（增值税发票、保函、保险等）进行影像采集和合规检查后形成结构化数据；③将业务单据［到货验收（交接）单、投运单、质量确认单等］转为线上办理后形成电子化数据。聚焦合同结算核心业务，深挖关键业务环节的数据价值，以智能结算平台推动信息系统互联互通，实现合规数据共享（见图 6-10）。

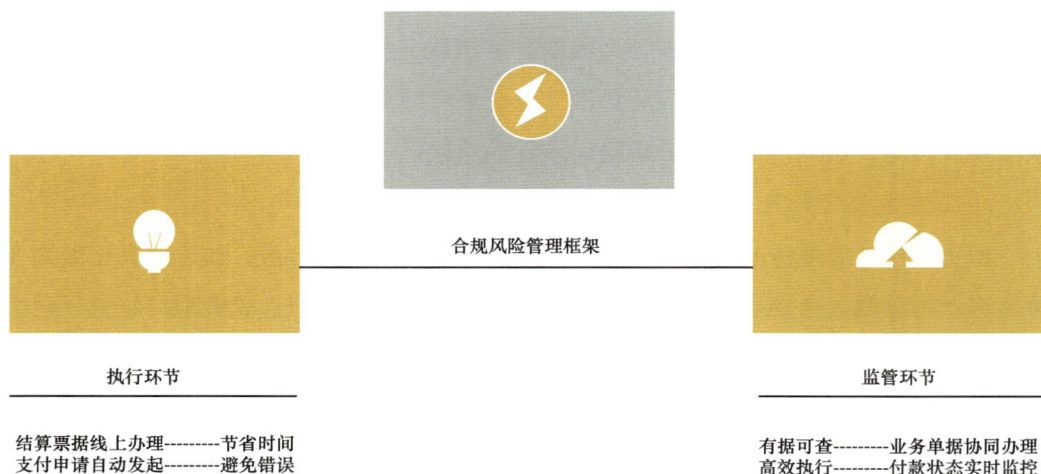

图 6-9　业务流程梳理

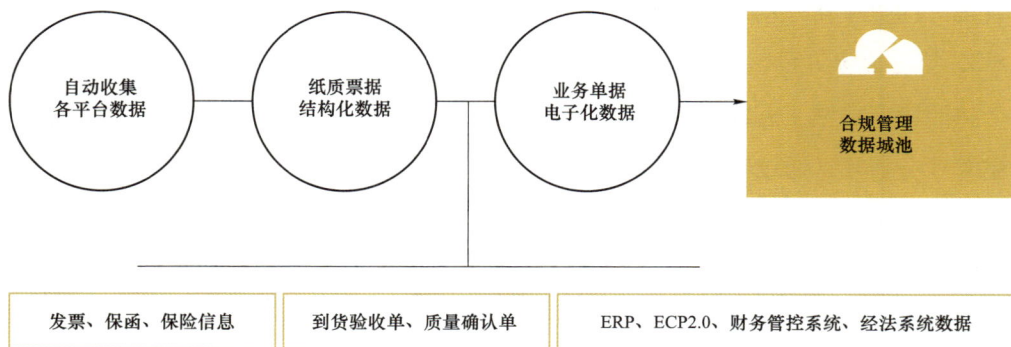

图 6-10　推进信息互联

3. 拆解风险因子，建立风险持续监控模型

基于合规管理数据城池，选取重点关注的合规监控对象及内容，通过物资合同智能结算平台搭建合规风险分析模型，将已识别的可量化的风险因子、风险影响、风险

流程及相应的处理措施进行拆解组合，进行实时预警提醒、异动监控（见图6-11）。①票据前置合规检查及超期异常提醒；②票据全周期信息监控及到期预警；③付款计划申请（预付款、到货款、验收款、结清款）智能识别及触发预警；④款项支付前置校验合同是否变更、违约。通过加强对合规风险因子的预测性分析及诊断性判别，持续提升合同结算业务合规风险监控能力。

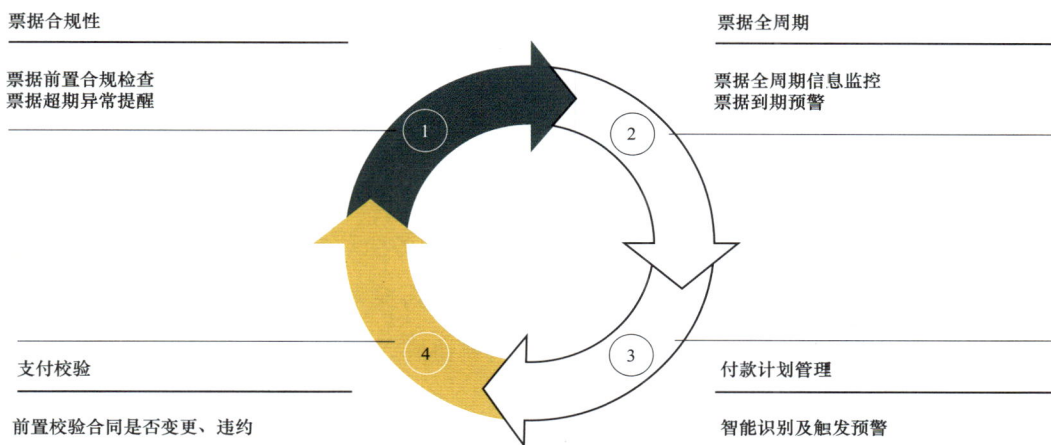

票据合规性

票据前置合规检查
票据超期异常提醒

票据全周期

票据全周期信息监控
票据到期预警

支付校验

前置校验合同是否变更、违约

付款计划管理

智能识别及触发预警

图6-11 拆解风险因子

（三）应用成效

风险管理是企业可持续发展的基石，国网青海电力通过物资合同智能结算平台建设，将风险管理与数字化技术相融合，实现合同结算业务数字化转型，助力企业风险管理体系建设的步伐行稳致远。

1. 打破数据壁垒，合规管理实现全局可控

以多样化的平台可视工具，融合多流程、多领域、多视角的风险防控模式，满足业务监控、风险预警等多种管控需求，实时掌控合同结算管理全貌。

2. 打破流程壁垒，合规管理实现全程可视

以高性能的平台流程再造，探索业务全流程各环节风险传导链条，及时跟踪风险隐患，加速合同结算管理风险认定过程。

3. 打破专业壁垒，合规管理实现全业可查

以突破性的平台业务联动，扩大合同结算风险合规管控采购，逐步融合合同管理全业务，实现风险全周期监控、全方位排查。

第四节 国家电网公司质量监督管理风险防控实践与创新

典型案例一：多措并举，全面筑牢设备质量合规管理防火墙

案例单位：国网江苏电力

（一）案例背景

当前，设备质量管理全流程仍存在较多风险点与薄弱环节，如物资质量抽检因其链条长、参与单位和人员多、涉及利益面广，已被外部巡视审计列为风险集中、问题易发的关键业务，对设备质量合规管理及风险防控能力提出巨大挑战，需要坚持"全覆盖、无死角、零容忍"的严肃态度，对物资抽检业务全环节从源头到末端层层严抓、步步严控，防范质量监督廉洁风险。国网江苏电力为深入贯彻"质量强网"战略，提升物资质量管理水平，强化廉洁风险防控，构建协同、融合、实用、高效的设备质量合规体系，进一步加强物资质量合规管理。

（二）主要做法

1. 全面固化到货验收管理流程

（1）加强直送现场物资到货验收。要求直送现场物资应先送至实体库或专设验收点，经物资管理人员组织查验外观、数量并签字确认后，方可直送现场。

（2）调整到货物资领用要求。质控平台在物资抽检任务下达并完成取样后，未抽中的批次物资状态转为可领用，即可由需求单位领用，杜绝"未检先用"现象发生（见图6-12）。

（3）前延检测所需技术资料收集。要求供应商提前准备好到货交接技术资料，在物资到货时收集经供应商盖章确认的技术资料，作为样品检测唯一依据。

2. 不断细化取封样业务操作

（1）核对样品批次在库数量。取样前由督察、取封样人员、仓库人员三方核对现场样品总量与到货数据是否一致，防范供应商提供"特供"样品应付抽检。

（2）落实抽检任务解锁要求。督察人员、取封样人员、仓库人员三方现场共同见证，通过人脸识别人员身份信息，方可解锁物资品类、供应商名称、批次号、出厂编号等抽检任务详细信息。

图 6-12 依托质控平台下发抽检任务

（3）规范抽检过程视频存档。督察人员通过单兵记录仪实时录制取封样过程视频，送样过程由车载监控系统全程录制样品状态及位置。规范存档视频资料，建立健全视频资料常态保管机制，定期开展过程抽查，通过视频对取封送样业务规范性进行过程追溯。

3. 稳步优化物资抽检保障机制

（1）开展常态飞行抽检。统一组建抽检督察专业团队，常态化开展飞行抽检、常规抽检监督工作。安排督察人员接收检测任务后 24 小时内直赴现场，对取封样、送样、接样、二次封样、检测试验进行全程监督（见图 6-13），提升物资抽检威慑力。

图 6-13 监督人员正在开展铁塔飞行抽检

（2）做实双样品抽检和合格样品复测。定期开展同一供应商产品在不同批次、不同检测机构间的合格率大数据分析，针对差异较大异常情形，靶向实施合格样品复检和双样品检测，防范检测机构廉洁风险。

（3）健全涉密信息管理机制。严格设定各环节、各层级系统用户权限，仅保留相应工作必须查阅字段权限，防控抽检信息泄密风险。

4. 有效深化抽检技术创新应用

（1）创新抽检新技术研发。加快组织推进封样新技术研发，实现取封样、送样、检测等各环节信息加密处理。创新研发多品类物资自动接线机器人、电缆保护管自动制样检测等系统，打造"无人化作业、数智化管控"的检测实验室（见图6-14）。

图6-14　自动接线机器人正在开展无人化检测作业

（2）加快检测信息系统升级。加快质控平台检测资源云智慧管控模块迭代升级，接入全省检测机构实时检测数据与作业视频，开发检测过程实时监督、检测报告自动出具与智能审核等实用化功能，统筹开展全省检测资源透明化管控与作业质量追溯管理。

（3）推动质量数据驱动业务。加快推进物资全寿命周期质量问题数据应用升级，建立包含配农网物资在内的全品类物资典型质量问题数据库，通过系统建模精准定位物资常见质量问题症结，量化评价不同供应商产品质量分布规律和质量变化趋势。

（三）应用成效

1. 取封送样全程动态可视

国网江苏电力积极推广封样送检移动监控设备的应用，通过智能图像识别、RFID射频、GPS定位技术，实时监督取封送样环节操作合规性，强化实时预警监督，保障取封送样业务全程可控、能控、在控。

2. 飞行抽检助力规范性提升

开展常态化飞行抽检作为国网江苏电力加强物资质量管理的重要举措之一，是物资抽检体系中的重要一环，通过加大对高风险环节的重点监督，强化监督检查力度，及时发现可能存在的风险，堵塞管理漏洞，质量抽检业务操作的真实性、规范性进一步提升。

3. 质量管控机制持续优化

国网江苏电力从固化到货验收流程、细化取封样业务操作、强化检测作业质效管控等六个方面，针对设备质量合规管理制定 22 项质量提升新举措，落实责任、细化措施、刚性执行，不断强化廉洁风险防控，优化抽检业务管控机制，提升物资质量管控水平，打造物资质量齐抓共管、管必管好新局面。

典型案例二：数智化手段助力质量检测业务合规风险管控

案例单位：国网福建电力

（一）案例背景

在经济发展面临多重压力背景下，电工装备制造行业竞争更加激烈，部分供应链厂商为获取中标或最大化牟利，伪造虚假资质业绩、非法转包、偷工减料时有发生，产品质量下降等风险长期存在，提升采购设备质量工作任重道远。质量抽检作为检验供货产品质量的重要手段，在检测业务管控、检测质量提升等方面主要面临以下痛点：

1. 检测机构专业能力参差不齐

随着配电网建设运营规模日益增长，国网福建电力高质量发展对物资质量管控提出了更高要求，入网物资质量检测工作量大幅增加，而各检测机构专业能力参差不齐，部分检测机构未形成完整的检测体系，对检测标准、检测方法及作业流程管控不足，存在不符合技术规范书要求的产品流入电网等风险。且国网福建电力物资采购规模大、品类多、金额高，涉及的专业领域广、利益主体多，供应商的高度关注，对检测机构的操作规范性、数据质量提出了更高要求，检测机构专业能力不足极易导致供应商异议、投诉情况发生。

2. 检测过程同质化管理薄弱

（1）检测方法不统一。部分检测项目在标准条款中暂无明确、统一的检测方法，不同检测机构、同一检测机构不同技术人员因对标准理解不同，可能导致对同类物资、同个项目检测方法不一致，检测结果差别较大。

（2）检测判据不统一。部分检测项目判据在标准和技术规范书中均未作规定，检测判定存在争议。部分检测项目标准条款判定存在冲突。此外，检测数据计算存在人为干预风险。

（3）检测报告模板不统一。同类物资检测报告展示的数据信息不一致，部分检测报告由于不合格信息展示不完整，易引发供应商质疑。

（二）主要做法

为加强物资质量监督管理，切实防范廉洁风险，国网福建电力依托数智化手段，持续推动检测业务管控规范化、精益化、合规化提升。

1. 推动物资抽检"三统一"

开发物资质量检测业务管控系统（见图6-15），将检测方法、检测判据及检测报告模板固化到系统中，实现物资抽检工作"三统一"。①固化检测方法，制定作业指导书，各检测机构依照统一标准完成检测，实现检测方法统一；②固化检测判据，检测数据输入系统后，系统根据内置逻辑自动计算、研判检测结果，实现检测判据统一；③固化检测报告模板，确保每类检测项目展示信息一致，实现检测报告格式统一、数据维度统一。

图 6-15　物资质量检测业务管控系统

2.强化检测作业同质化管理

集中部署检测过程管理系统，强化省物资公司、省电科院、检测机构分工合作、一体化管理，实现检测资源动态调配、检测业务规范实施、检测质量实时监督。公司内部 10 家检测机构业务全流程线上化，外委检测机构依托 e 链国网门户网站接入检测数据，所有检测机构与 ECP 数据直连，全省检测业务优化分配，检测结果高效可靠。

3.建成全景质控数字化监控大屏场景

根据用户类别提供定制化业务界面，实现抽检作业进度、检测机构时效时限等环节的可视化监督和节点预警。依托视频监控系统（见图 6-16），实现检测过程"云监督"，进一步提升检测工作的规范性，降低检测业务廉洁风险。

图 6-16 质控数字化监控大屏场景

4.实施"一物一码"赋码管理，实现业务全流程跟踪

依托抽检策略管理系统，实施"一物一码"赋码管理，实现供应商样品数量、样品实物的自动随机抽取，从源头防范指定样品风险，封样人员依据系统指令，在"e物资"App 上完成封样、物流、收样等业务办理，实现关键业务节点、关键作业步骤的拍照存证，在线自动存档，实现业务全程可追溯。

5.研发检测结果自动稽查工具，提升检测数据规范性

研发检测报告质量稽查系统（见图 6-17），通过提取报告数据与平台数据进行比

对，实现 ECP 数据的合规性自动筛查，反馈错误信息及相关的处理建议，从而减轻审查人员工作量，提升 ECP 数据稽查质量。

图 6-17 检测结果自动稽查工具

（三）应用成效

1. 实现检测业务管控规范化提升

通过加强全省检测机构同质化管理，推动检测业务"三统一"后，检测数据人为干预程度显著降低，检测报告规范性、权威性大幅增强，ECP 审查数据质量明显提升，有效降低供应商异议及投诉带来的舆情风险。

2. 实现检测业务管控精益化提升

通过全省物资质量监督一体化管控，省物资公司、省电科院、检测机构分工合作，全省检测业务优化分配，有效防范检测任务扎堆、检测时效性不足等问题，检测质效全面提升。

3. 实现检测业务管控合规化提升

依托抽检策略管理系统及"e 物资"App 实现检测样品随机抽取、全流程可追溯，从源头防范指定样品风险。依托视频监控系统，实现检测过程在线监督，确保物资质量监督全流程廉洁风险可控、在控。

典型案例三：依法依规，推进低压综合配电箱质量专项整治

案例单位：国网湖北电力

（一）案例背景

根据《国网物资管理部关于开展 2022 年质量监督再提升专项行动的通知》（物资

质监〔2022〕4 号）有关要求，国网湖北电力以构建"大监督"体系为指引，推动配网物资专项整治活动实施方案落地，充分调研近年物资抽检不合格率排名和各类物资实际运行情况，以问题为导向，选定低压综合配电箱（简称 JP 柜）开展专项整治行动。由于 JP 柜在运行过程中时常发生烧损现象，特制定"A 类短时耐受强度试验＋B 类项目全检"的检测方式，在全省到货范围内，以"双盲样制度"（即抽样人员和检测机构分别封样）开展了一系列专项整治行动。

（二）主要做法

1. 落实落细监督责任，深化 JP 柜专项整治

JP 柜专项整治行动督促专业部门以岗位为基础，以业务流程为依托，共计抽检 JP 柜 30 台，供应商 30 家。根据《国家电网有限公司电网物资抽检结果分类分级导则》规定，结论为合格 17 台，不合格 13 台，合格率仅 56.67%。从不合格产品型号、等级及检测项目等维度开展分析，发现 JP 柜抽检不合格项目重合度高且集中。13 台不合格 JP 柜型号规格均为 630A、400kVA，其中 Ⅱ 级不合格品 12 台，占比 92.31%。短时耐受强度不合格为 12 台，占比 92.31%；温升试验不合格为 3 台，占全部不合格品的 23.08%；布线、操作性能和功能不合格为 1 台，占全部不合格品的 7.69%；所有不合格项目合计占到了所有不合格品的 123.08%（见图 6-18）。

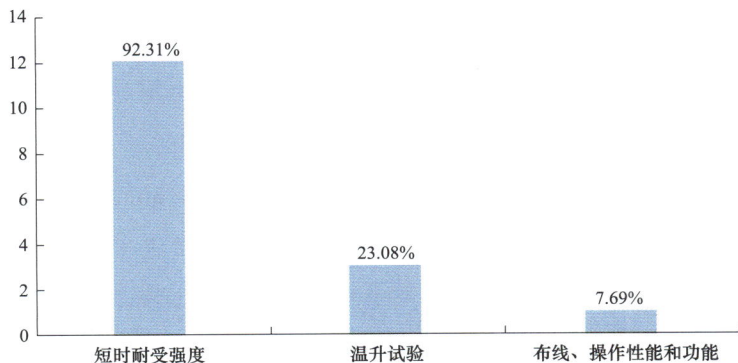

图 6-18 JP 柜不合格项目分布

通过本次专项整治，国网湖北电力总结经验、举一反三，根据国网物资管理部关于配网物资典型问题专项整治活动的精神，持续依规深化 JP 柜专项行动，针对专项整治中重合度高且集中的 JP 柜抽检不合格项目制订抽检工作计划，按照每家供应商不少于 5 台且分布于多个批次的要求开展检测，有力保障 JP 柜物资质量安全。

2. 压紧压实各方职责，开展不合格结果分析

国网湖北电力主动作为，超前谋划，按照"大监督"及时介入、双向联动、协商处置等五项运转机制工作要求，组织省电科院相关专家进行抽检结果分析和风险评估，主动约谈高风险供应商并邀请见证，确保设备换货整改有序开展，对组部件存在严重质量缺陷进行了深入剖析总结，如熔芯的时间电流特性不符合要求、熔芯内石英砂灭弧能力不足、内控质检和生产组织不够完善等"致病"因素。

3. 依规合规整改处置，震慑不合格供应商

为保障 JP 柜质量整治的"双效性"（实效和时效），国网湖北电力创新合规工作机制，一方面针对性扩大重检范围，同批次全规格产品均进行重检；另一方面允许不合格供应商在扩面重检前，自愿整改或更换未抽检的其他规格产品，提升处理质效。最终在迎峰度夏前完成 13 家不合格供应商约谈、签订合同违约事实确认单、不合格设备的退换货处理等，退换货共计 3928 台，重检样品共计 26 台，重检合格率 100.00%。

（三）应用成效

1. 求实求效，精准开展业务风险管理

国网湖北电力强化过程管控，严把程序执行关、人员履职关、纪律遵守关。对内制定动态调整抽检策略，在满足基础抽检策略的同时，结合每类物资的不合格率、运行情况、供应商评价等信息，动态调整抽检级别及其比例，精益化、差异化监督每类物资质量。逐步建立供应商全过程绩效评价体系，覆盖资质核实、招标、抽检、监造、不良行为处理、整改、运行、质保等各环节，科学、高效地避免不良供应商入围。依据合同规约和不良行为处理规定对 13 家不合格供应商追究供应商违约责任：依据相关合同条款，延长质量保证期 12 个月，处理违约金额共计 663.06 万元，并对合同总量均进行了核减。对外采取专项整治有效避免 3928 台缺陷 JP 柜入网，通过创新邀请不合格供应商参与、见证和讨论，促使供应商从深化质量红线意识、加强组部件品控管理、改进产品制造工艺、落实全过程质检监督、培养高水平生产团队等方面推动 JP 柜行业更好的合规发展。

2. 控险固效，宣贯提升风险管理意识

质量问题时有发生、反反复复，一方面是供应商的质量意识、合规意识不强；另一方面是供应商对产品标准、招标技术要求、不良行为处理等文件认识不深刻、不透彻。在增强供应商质量意识、合规意识方面，国网湖北电力通过"法治＋合规"的模式，结合既往违约案例对不良行为处理办法进行具象宣贯，对供应商形成震慑，从而

深化其质量意识、责任意识，引导供应商从被动合规转向主动合规，不断增强合规意识。在提高供应商对产品标准、招标技术要求认识方面，牵头各检测单位编制和完善作业指导书，建立统一产品标准，为供应商提供精准的生产参考依据；组织物资需求部门、各检测单位、供应商参与技术交流会，深入提高供应商对技术要求的认知。

3. 防微杜渐，构建业务风险管理体系

国网湖北电力进一步规范了配网重点物资质量检测行为，让"监管跑在风险前面"，持续提升监管效率与抽检工作合规性，推动采购设备选优选好，提升供应链运营效益。从潜在质量风险评估、抽检全流程内控、法律合规性内审、风险管控等方面逐步构建和完善合规风险管理体系，强化制度执行和合规监督，坚持"全程管控、全程规范、全程高效"原则开展事前资质能力核实、事中到货抽检、驻厂及云监造、事后绩效评价、不良行为管理，保障质量监督工作高效规范开展。

第五节　国家电网公司仓储调配管理风险防控实践与创新

典型案例一：物资仓储验收合规数字化信息化风险管理

案例单位：国网四川电力

（一）案例背景

国网四川电力自 2018 年 10 月推行全省物资采购合同集中签订和集中结算以来，集中结算业务量陡增 8～10 倍，物资到货验收的正确性和及时性成为公司关注的重点。国网四川电力供应链物资验收风险管理面临的问题如下：到货交接涉及跨部门签署，供应商跑单难；验收数据的准确性及物资质量的安全性面临极大的挑战；验收与结算职责分离、单据审核繁杂、风险大等。针对以上问题，国网四川电力提出构建智慧供应链体系建设推进物资验收数字化转型。

（二）主要做法

1. 构建川电 e 物资统一移动应用入口

2018 年，随着国家电网公司现代（智慧）供应链体系建设工作的启动、"实物 ID"建设及应用工作的推进，物资及生产等专业对现场移动作业 App 的应用需求迅速提升。通过川电 e 物资为内外部用户建立统一业务、统一入口、统一管理的物资业务一体化移动应用（见图 6-19）。

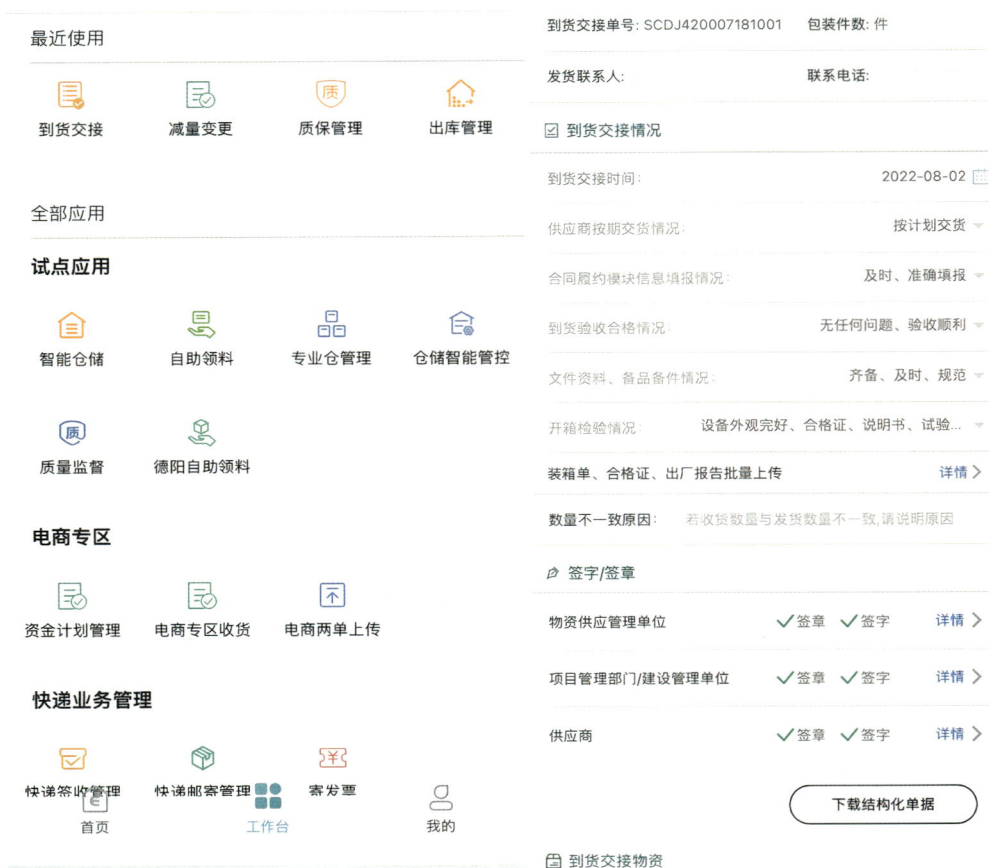

图 6-19　验收业务办理

2. 构建扫码到货交接、单据签署及业务过账一键操作模式

实物验收工作中，由供应商、项目人员、物资人员分别使用各自账号登录川电 e 物资完成原笔迹签名和电子签章（不分先后顺序、签字签章后，无法修改收货数量及实际到货时间）。签章完成后，由物资人员提交 ERP 完成一键验收入库（见图 6-20）。

3. 构建验收结算跨部门全链路业务数字化通道

利用川电 e 物资贯通财务凭证影像化平台、ERP 财务模块、质量监督平台，实现物资质量信息、物资验收结构化信息、验收签章单据与财务信息系统的共享应用（见图 6-21），构建完整的物资验收结算全链路信息化协同业务模式。

4. 通过数字化手段，严控实物交接虚假收货风险

具备实物 ID 的物资，在实物交接环节，须通过川电 e 物资扫码更新收货数量，获取审核实物 ID 技术参数信息。同时自动核验供应商"三证"上传情况，严格限制

验收照片上传功能操作权限，杜绝供应商上传虚假验收照片的情况。验收现场照片采用"即拍即传"的模式，自动抓取定位信息、上传人员身份信息，保证实物交接过程的规范性、真实性，防范先款后货、虚假收货验收风险（见图6-22）。

图6-20　扫码及签字签章

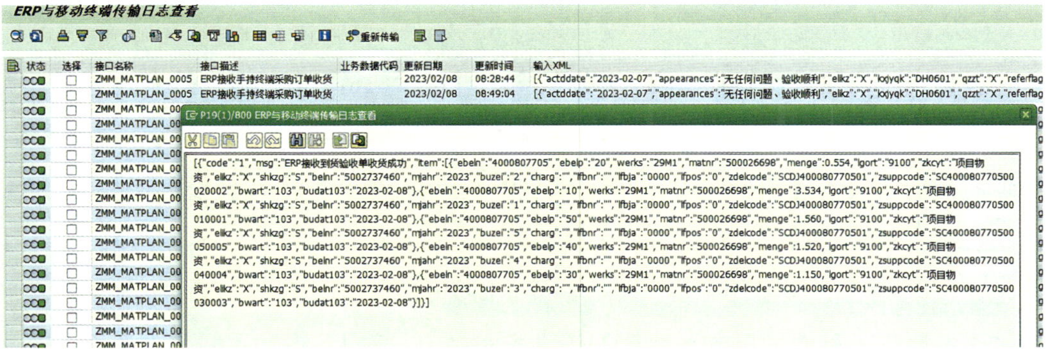

图6-21　ERP验收结果日志信息

图 6 – 22　验收规范性管控

5. 物资验收与结算自动化、智能化验审,规范资金支付

推进物资到货验收与结算业务融合程度,基于采购订单付款条件、付款情况、验收单据签署完成情况等信息,完善资金支付自动化相关功能。智能研判订单是否满足支付条件,自行发起资金计划,实现物资验收结算业务的自动化、智能化验审,减少人工干预,提升业务开展的规范性。

(三)应用成效

以物资供应数字化到货验收为核心,全面打通供应链各环节业务和数据通道,实现业务"零"脱节、办单"零"跑腿、交接"零"风险、验审"零"误差、支付"零"延迟,全面落地"五个零"业务办理,支撑供应链"提效率、增效益、促效能",实现物资供应数字化物资验收结算全面提质增效。

1. 一键办理扫码到货交接、单据签署、ERP 实时过账,业务"零"脱节

现场验收人员通过川电 e 物资扫描设备实物 ID 编码,自动关联采购订单,通过 App 便捷完成原笔迹签名和电子签章,自动生成结算单据,串联物资、财务、质量监

督业务系统，及时同步结构化数据、非结构化单据，实现实物交接、单据办理、物资过账的即时协同。业务"云"流转，实现业务办理更便捷、更高效、更及时，进一步降低一线业务人员重复劳动的工作量，提升用户体验。

2. 全景信息规范核验，到货交接"零"风险办理

系统通过对实物 ID 技术参数和物资质量检测结果信息进行自动校验、物资"三证"线上提交、现场收货照片实时抓取等技术手段，提供多维度全景佐证信息，确保到货交接业务"零"风险办理，规避公司的经营合规风险。

3. 结构化单据移动电子签章，实现"零"跑腿办理结算单据

供应商、物资管理人员、项目管理人员可通过移动端 App 在实物交接现场快速完成单据签署，在线办理业务单据，省去线下签单环节，打破了供应商"跑断腿"的传统签单模式，助力优化良好营商环境。

4. 资金计划自动发起，实现"零"延迟资金支付

e 物资与财务凭证影像化平台、ERP 系统的高效集成，将移动端 App 签署的到货交接单实时推送财务影像化平台，作为合同付款的支撑材料。通过定时任务自动创建资金计划，减少传统纸质单据签署、扫描、上传、手动提报资金计划的耗时，实现合同结算业务全程无纸化、数字化、智能化办理。

典型案例二：强化物资到货验收，防控履约供应风险

案例单位：国网重庆电力

（一）案例背景

近年来，随着工程项目投资逐年递增，物资订单数量逐年增长，现场收货任务日益繁重。工程量大、项目数多，施工现场物资配送点多面广，存在虚假收货风险。项目人员提报的采购订单与现场实际到货物资的规格、型号、数量不一致，存在私自换货风险。施工单位与供应商勾结，到货数量不足时即签收，存在少供货风险。为避免物资供应风险，国网重庆电力规范到货验收管理，督促物资人员树牢风险防范意识，深挖物资到货验收存在的潜在风险，加强物资现场到货验收规范化管控，杜绝物资到货验收风险。

（二）主要做法

1. 建立规范化管理机制

从决策和执行两个层面，建立物资到货验收规范化管理组织架构。决策层负责决

策和部署物资到货验收工作中的重大事项,协调解决工作实施过程中发现的问题,审议相关工作制度,定期组织召开工作例会,监督和协调各项工作的开展。执行层由相关职能部门负责人及人员组成,开展数据分析,对工作进程进行监督,排查整治,确保各项要求执行到位。

2. 多渠道加强过程管控

(1)强化物资人员廉洁意识,提升责任心。

(2)制订现场到货验收方案,根据订单金额明确人员责任分工。

(3)分类明确到货收验货方式。

(4)根据订单验收到货物资的规格、型号、数量等是否一致,检查产品合格证等是否齐全、产品外观是否存在明显瑕疵。

(5)针对项目单位混放到货物资的情况,现场收货的物资人员在每个物品上用油漆喷涂,做好已到货验收的记号,区别已收和新到货的物资。

(6)加强物资质量检测,确保物资入网"零缺陷"。

3. 强化 e 物资 App 货物验收

物资人员运用 e 物资 App 进行货物验收,扫描货物实物"ID",现场货物拍照,多方签署确认收货,避免现场收货实物与订单不符。

4. 业纪融合加强监督

(1)项目部门做好主要风险点、关键控制点的把控。

(2)加强过程和效果督查,各级管理人员不定期现场抽查物资到货验货情况,促进风险防范工作切实发挥作用。

(3)开展供应商、项目部门履职评价,发现两次以上履约问题的供应商纳入黑名单管控。

项目部门存在问题的,根据问题严重程度下发提示、提醒(黄牌)和警示(红牌)。问题严重的,下发警示单(红牌),形成问题线索移交纪委办公室(合规审计部)进行核查处理,并进行约谈。

(三)应用成效

1. 避免虚假收货风险

仓储管理人员通过 e 物资 App 开展物资库、专业仓出入库和其他管理性工作,施工现场物资由物资人员到现场清点,避免施工单位或项目部门人员未到货就签收(虚假收货)的廉洁风险。

2. 避免私自换货风险

项目人员提报的采购订单与实际到货的物资规格型号、数量不一致，如把采购订单中大规格型号换成小规格型号、进口换成国产等，部门负责人和物资人员均不知情；通过强化物资到货验收，避免了私自换货的风险。

3. 避免少供货风险

货物送到施工现场，物资人员如果不到现场进行收验货，施工单位有可能与供应商勾结，谋取私利，私自减少供货数量或到货数量不齐就签收，导致项目部门、物资人员均不知情。供应物资收验货规范化后，避免少供货风险。

4. 有效防止经济损失

现场收货人员私自调换一部分不能使用或长期不用的货物，造成货物长时间积压，形成货物丢损，造成经济损失；虚假收货或少供货，形成货物流失，带来经济的损失。规范验收货有效防止了私自换货、虚假收货、少供货等带来的经济损失。

第六节　国家电网公司监督管理合规风险管理实践与创新

典型案例一："333"工作法保障物资合规监督实践与成效

案例单位：国网新疆电力

（一）案例背景

物资合规监督是对现代智慧供应链运营核心业务及参与主体的监督，监督对象包括但不限于体系建设、计划管理、信息化和标准化、采购管理、合同管理、供应商关系管理、仓储配送、废旧物资管理。国网吐鲁番供电公司物资管理部（物资供应中心）依据"三全三化"供应链风险防控体系要求，创新应用"333"工作法不断健全"事前预防、事中监督、事后改进"工作机制，切实有效防控物资管理合规风险，深入推进物资管理高标准发展，为公司和电网高质量发展提供坚实保障。

（二）主要做法

1. 实施 3 项举措，夯实基础

强化理论学习。制订部门年度"微课堂"计划，每周一名员工结合专业工作在部门内部进行培训，进一步深化规章制度的学习，提升物资精益化管理水平。每月结合主题党日开展党风廉政和反腐败教育学习，学习《国家电网公司物资系统从业人员廉洁守则》《国家电网公司物资从业人员与供应商接触廉洁行为"八不准"》等公司廉洁从业各项要求及违规违纪典型案例，筑牢员工合规意识和拒腐防变的思想防线。

深化过程管控。国网吐鲁番供电公司物资管理部（物资供应中心）完成物资监督技术专责的配置，充分发挥监督"指挥棒"作用，对核心业务、关键流程全面开展监督，坚持问题导向，针对疑点深入剖析突出问题成因，强化规章制度刚性执行。

实行指标上墙。将物资专业指标逐一分解，明确责任人，形成详细、具体的考核标准及管控措施。在公司周转库悬挂指标完成情况展板，每月更新指标完成情况，通过亮业绩、亮身份，营造积极工作氛围。

2. 坚持 3 个聚焦，发挥实效

在布置工作中聚焦重点。国网吐鲁番供电公司物资管理部（物资供应中心）紧紧围绕《国网新疆电力有限公司物资管理部关于印发 2023 年供应链监督重点工作的通知》年度重点工作任务，完善公司供应链监督重点工作任务实施计划安排任务表，在工作安排中突出重点任务，压紧压实责任，汇聚起抓关键重点推进物资合规管理的强大合力。

在相互学习中聚焦盲点。通过设置工作展示区、组织员工到示范点现场学习，在工作推进会上交流工作成效等方法，发现工作中的盲点和问题。针对所有物资专业历年巡视巡查审计问题清单逐一进行举一反三自查，认真分析专业管理中存在的重点、难点、出血点问题，分类研究问题的解决对策，建立健全内部管控工作机制。

在评星积分中聚焦工作亮点。结合部门月度绩效、党员积分制管理办法、"旗帜领航·星耀火洲"推星评选方案等，通过每月自评、互评和组织评定的方式确定员工积分排名并实行动态管理，推动员工创先争优，督促全体员工干部不断挖掘工作亮点，积极总结宣传典型经验。

3. 优化 3 项机制，压实责任

建立典型问题通报机制。建立物资管理问题通报机制，对于普遍性、典型性以及重复发生的问题，在一定范围内对发现问题数量较多的单位进行定期通报；对于重大突出问题，进行深入分析问题成因、制定并执行有效措施，限期完成整改工作。

建立物资管理问题考核机制。高效联动内外协同，对物资供应链计划、供应、仓储等 9 项核心业务进行整合分析，实现问题线索全面收集、整改情况定期跟踪，对于内外部巡视、审计、监督发现的问题，根据问题性质和影响程度设置不同考核系数和标准，全面传递问责压力。

建立"季核查"机制，为确保各项工作完成准确性，坚持"线上+线下"双审查，在系统核实的同时，重点检查缺项、漏项，对典型问题、屡查屡犯的责任单位启动通报、考核机制，通过各部门交叉检查、突击抽查等方式对工作完成的规范性进行逐项核查。

（三）应用成效

1. 提升物资从业人员合规管理意识

通过对通用制度、典型案例的学习，有效提升物资从业人员合规管理意识，2020年至今未发生物资人员违规违纪现象，授权采购 26 个批次，均合规开展。

2. 提高物资精益化管理水平

在"333"工作法实践过程中，充分发挥"把方向、管大局、促落实"的领导作用，有针对性地解决物资管理突出问题、业务开展的重点难点问题，解决物资管理问题 3 项，业务难点 5 项。

3. 完善物资管理监督考核机制

通过建立问题通报机制、考核机制，加快了问题整改进度，减少了部分重复问题的发生，有效防控物资管理风险。

4. 促进了内部管控高效协同

创新运用"333"工作法，国网吐鲁番供电公司物资供应链积分排名靠前，整体形成管控"一盘棋"、协调"一条线"、运营"一张网"的工作模式。充分调动部门的积极性、主动性、创造性，为业务工作注入生机和活力。

典型案例二：外部数据购置合规管理

案例单位：国网大数据中心

（一）案例背景

为满足国家电网公司各项业务对外部数据资源的需求，国网大数据中心（简称大数据中心）负责统筹采购接入气象、工商等 12 类外部数据，主要侧重需求紧迫、有共性的气象、工商、能源等部分数据，并面向全公司提供外部数据服务。通过推动统筹外部数据跨部门跨层级共享应用，发挥社会及经济等外部数据在公司新能源开发建设、输电网规划、能源需求预测、售电形势研判等多个业务方面的价值，实现数据最大化共享及应用。

为满足公司数据服务的需求，大数据中心按需开展社会及经济等外部数据采购工作，并根据国内现行有效的数据保护法律法规和其他相关法律法规，对数据外购的合规相关情况进行分析评估，在开展合规管理工作时提出、制定、落实相应优化提升措施。

（二）主要做法

1. 构建数据采购合规审查审核的合规管理运行机制

建立数据采购的合规管理审查审核机制，固化工作流程。

（1）数据采购业务应通过大数据中心数据合规审查审核。大数据中心牵头制定发布了《中心核心业务内嵌数据安全合规要求》（简称《要求》）。在《要求》中明确，数据采购等重点或复杂业务应经过大数据中心数据合规审查审核，审核通过后方可开展业务。

（2）《要求》准确设置合规审查审核节点，指导业务部门以及合规管理部门开展工作。通过准确梳理外部数据购置的工作内容以及相关工作流程，明确第一道防线业务部门、第二道防线合规管理部门开展合规审查、审核的工作节点，将合规审查机制嵌入业务流程，为业务部门以及合规管理部门如何在业务开展过程中准确开展合规审查审核工作提供指导。

2. 创新编制数据采购合规审查审核工具书

大数据中心编制《数据采购业务安全合规作业规程》（简称《规程》）以及《数据采购业务安全合规作业指导书》（简称《指导书》），形成能懂、能查、能用的合规审查审核作业"工具书"。

（1）实现合规要求全覆盖。《规程》及《指导书》的合规要点覆盖了国家法律法规、重要标准以及公司重要管理制度和文件，首次形成系统的合规要求，解决了合规要求零散分布的问题。

（2）实现业务场景全覆盖。《规程》《指导书》从业务场景出发，针对采购不同数据的数据类型，提供了相应的数据处理合规指引，为数据业务业务人员形成标准化、规范化的统一数据合规"基线"。

（3）实现专业转化全覆盖。《规程》打破专业壁垒，实现从"法律法规条目"到"作业指引"的转化，让数据业务能够深入了解数据合规、掌握数据合规，极大提高了数据合规工作成效。

3. 准确识别数据采购合规审查审核风险要点

《数据安全法》明确要求，收集数据应满足合法正当性，即任何组织、个人收集数据，应当采取合法、正当的方式，不得窃取或者以其他非法方式获取数据。大数据中心从外购数据来源合法性、供应商主体资格以及数据使用和保护方面分别进行合规管控。

（1）开展数据来源合法性管控。合法、正当的数据来源是数据产品交易的首要原则。收集数据，不得违反法律、行政法规的规定或者侵犯他人的合法权益。①要求供应商进行数据来源说明并且予以审查审核、验证，确保数据可流通性不存在合规障碍；②为了从合法正规渠道采购数据源，招标文件以及购置合同均对数据来源合法性进行了约定。在招标文件以及购置合同中明确约定，"数据要具有较高的数据权威性，保证从合法的渠道获取，具备数据提供资质或授权或数据源担保证明，无法律和版权纠纷"，基于上述约定，要求卖方应保证其所提供的数据不存在任何数据来源合法性上的瑕疵，因数据来源合法性问题，卖方承担由此引起的法律责任。

（2）加强供应商主体资格审查。《数据安全法》第34条规定"法律、行政法规规定提供数据处理相关服务应当取得行政许可的，数据产品供应商应当依法取得特殊资质许可。"通过审查数据产品供应商工商登记的经营范围，确保数据供应商提供数据的主体资格合规。

（3）强化数据使用和保护合规管控。数据使用不得存在危害国家安全、公共利益，侵害个人隐私的情形，不得超出数据授权使用范围。数据外购的目的是为了满足国家电网公司各单位对社会及经济数据服务的需求，并按需在公司内部共享使用。为满足此业务目的，招标文件及合同明确要求"要确保数据可以在国家电网公司总部及系统内部使用"，大数据中心及公司各单位通过此条款获取了数据使用授权。卖方应保证其提供数据的使用范围包含此授权范围，如卖方提供的数据授权使用范围不满足合同约定，应承担相关违约责任。此外，大数据中心通过外部数据申请使用等页面，告知公司各单位按约定范围使用购置的数据。

（三）应用成效

1. 保证大数据中心、公司业务安全合规发展，避免发生系统性、连带性风险

外部数据来源的合规性对后续数据处理活动意义重大，如出现采购不正当渠道数据，后续数据处理活动都将不具备合规依据，严重影响业务开展。数据来源不合规，大数据中心直接面临民事纠纷、行政处罚的可能性，同时，因用户为公司内部单位，内部使用单位也有可能因使用不合规数据而受到民事责任、行政处罚的追究。

大数据中心严格执行《要求》以及《规程》，100%覆盖外部数据采购事项，保证

应审尽审，数据合规审查审核无盲区、无死角，确保了大数据中心、公司业务安全合规发展，避免发生系统性、连带性风险。

2. 有效支撑数据合规管理工作在公司数据业务领域应用

2022 年国资委修订《中央企业合规管理指引（试行）》形成《中央企业合规管理办法》，其中第 18 条规定"中央企业应当针对反垄断、反商业贿赂、生态环保、安全生产、劳动用工、税务管理、数据保护等重点领域，以及合规风险较高的业务，制定合规管理具体制度或者专项指南。"

大数据中心结合实际工作，依托公司《数据合规管理办法》，在大数据中心建立了数据采购合规审查审核机制，编制了数据业务安全合规作业规程及指导书等专项具体制度和指南，明确工作机制、工作要求，不断积累经验，优化迭代，有效支撑数据合规管理工作在公司数据业务领域应用。

3. 探索积累业界先进数据合规管理实践经验

《数据安全法》规定"重要数据的处理者应当按照规定对其数据处理活动定期开展风险评估。"《个人信息保护法》规定"个人信息处理者应当事前进行个人信息保护影响评估。"由此可见，数据处理者针对特定事项开展审查审核，已经是法律法规要求的必选项。实践中，为防范数据合规风险，不少企业结合其业务特点及所面临的数据合规风险，尝试针对更多事项开展数据合规审查审核。大数据中心在数据购置项目开展数据合规管理审查审核，探索业内数据合规管理先进实践做法，为公司各单位与业界提供借鉴经验。

典型案例三：供应链合规监督体系运营实践与成效

案例单位：国网河北电力

（一）案例背景

物资管理专业本身涉及的点多面广，既涉及项目单位、供应商、实施机构等多方，又覆盖计划管理、招标采购、合同签订、资金结算、物资供应、质量监督等各个环节。因此，迫切需要依法依规做好物资各环节规范管控。国网河北电力运用大数据手段实现全流程监控、预警，保障各环节依法合规，做好计划审查阶段前端把控，评审过程规范高效，合同签订全面准确，履约供应及时高效，为电网提供坚强可靠物资保障。

（二）主要做法

1. 夯基础，建平台，全面整合物资资源

（1）完善物资监督体系。制定《国网河北省电力有限公司供应链运营工作规范》《国网河北省电力有限公司供应链数据建设与运营管理细则（试行）》《国网河北省电力有限公司供应链运营专家管理实施细则》《供应链合规监督管控指导手册》等制度规范，构筑平台建设制度基础。

（2）组建合规监督队伍。充分发挥物资监督岗位职责，组建省市两级供应链运营合规监督人员队伍，通过建立统一的物资监督培训资源库和人才库，发挥"国家电网公司-省公司-地市公司"三级物资管理兼职培训师作用，提升监督人员履责能力。全面介入物资计划、招标采购、履约供应、货款支付、质量监督等供应链关键环节，带动供应链监督工作高效开展，支撑数智化监督体系高效运转，构筑平台建设人员基础。

（3）建设数字风险指标库。全面梳理计划、采购、合同、履约、质监等物资全链条法律风险点，并结合巡视巡察、审计、各类自查等发现的问题，构建数字化风险指标库。风险库通过合规监督平台上线运行，保障公司各项法律风险准确识别，确保风险可控、能控、在控，构筑平台建设合规基础。

2. 强管控，抓重点，突出重点领域风险防范

（1）完善监控平台建设，实现纵向体系监督。做优风险监控平台，依据供应链合规风险监控平台，实现向上对接国家电网公司总部，向下对接地市、县公司的纵向监督。通过平台自动生成供应链运营月报，每月开展专题分析，分析高频风险及趋势，持续深化依法监督。

（2）构建特色专题板块，实现重点领域合规监督。建成"工程项目物资全链条""电商化采购专题""服务民生煤改电""服务民生阳光业扩"等十大特色专题，积极推进专题深度应用，及时识别专题领域法律风险，实现重点领域合规监督。

（3）优化合规监督管控流程，实现精准靶向监督。按照风险指标制定分级管控流程，开发在线督办功能，实现异常事件自动分发、在线流转，多终端随时随地查询处理，闭环管控，完成纵向到底的协同监督和对关键环节、重要风险精准预警的靶向监督。

3. 重实践，创亮点，实现物资各环节规范管控

（1）建设预警升级督办流程。为避免国家电网公司针对省公司已经督办或正在督

办的业务事项下发督办,在接收国家电网公司下发督办后,系统自动检索当前督办事项状态及所处环节,自动衔接原有督办流程,将原有省级督办流程"并轨"至国家电网公司督办流程,业务人员只需继续完成后续处理、审批即可,实现无缝衔接,避免重复操作,提高督办处理效率。

(2)打造分组配置功能模块。针对各单位、各专业差异化管理分工需求,按照预警指标、督办环节、项目类型等分类,打造自定义分组配置功能模块,支持各单位、各部门根据不同项目类别、业务环节、预警指标自定义督办环节处理人,各类督办可直达指定工作组,无需每次下发督办选择处理人员,形成分组清晰、职责明确的运营系统。

(3)组织两级供应链运营调控指挥中心沙龙。组织各单位深挖物资工作中各流程、各环节的典型经验及提升建议,互学互鉴,对法律风险中的易发问题进行总结和原因分析,提出相应的预防和改进措施,确保内部规范管理。

(三)应用成效

1. 显著提升供应链监督效能

通过建设物资领域合规监督平台,全面整合物资管理资源,由平台自动、实时、精准、智能地识别物资领域各环节预警,并可自动下发督办,大幅缩减人力,提升了工作效率。

2. 显著提升规范化管理水平

通过建设物资领域合规监督平台,建立完善的物资领域合规监督制度,实现了从计划管理到质量监督全流程规范管控,助力国网河北电力形成"运转协调、保障有力、公正透明、廉洁高效"的管理运行机制,提升规范化管理水平。

3. 显著提升数智监督管控能力

建设物资领域合规管理平台,充分运用大数据、云计算等技术,实现关键信息智能识别提取、风险智能预警,实现了物资各环节在线监控、高效预警、问题及时解决,显著提升了数字化法治企业建设水平。

典型案例四:强化物资监督管理,提升供应链监督质效

案例单位:国网天津电力

(一)案例背景

近年来,全面从严治党和反腐败斗争持续向纵深发展,国网天津电力不断健全"事

前预防，事中监督、事后改进"工作机制，以"负面问题清单管理"为抓手，通过典型样本的全面应用，严格界定评标现场违规行为，提前预警潜在风险；以"监督"推动"规范"，以"整改"促进"提升"，实现违规行为的"闭环管控"整改提升，打造泛在监督方法论，不断深化"三全三化"供应链风险防控体系。

（二）主要做法

1. 开展"三全三化"供应链风险防控体系再提升工作

通过评估国网天津物资公司"物资监督体系建设、事前预防预警工作机制、事中有效监督工作机制和事后长效改进工作机制"中存在的薄弱环节，针对性制订《国网天津物资公司物资监督管理提升方案》，明确工作举措，压实"主体责任"和"监督责任"。

2. 建立物资专业监督积分制

制订《国网天津公司物资专业监督评价评分细则》，从物资专业日常监督管理、专业监督抽查得分、问题整改情况、监督专家评价机制（专家积分）和部门加分五个维度进行打分，激励各单位、各部门落实主体监督责任。对每季度总结编制报送的物资专业监督季报及时性、报送质量及数据准确性进行要求；对待各类巡视巡查、审计、专项监督、专项抽查、内部检查等各类物资专业相关检查的响应程度和效率、问题整改及时性和效率进行评价；对各单位监督专家参与各类物资专业监督的出席率、贡献度进行评价；同时鼓励各单位、各部门主动开展物资专业日常监督相关工作，积极委派监督专家参与专项监督工作。

3. 依托 ESC 平台开展供应链合规预警问题下发和督办

根据国家电网公司《关于开展总部 ESC 合规监督异常问题闭环管控工作的通知》的要求，国网天津电力在实现对国家电网公司总部下发 62 项合规效能风险实时管控基础上，新增契合国网天津电力特点的专项风险点 32 项（见图 6-23）。按照合规和效能两类维度，从 2021 年 2 月起每月定期下发督办任务，2022 年 4 月改为每周定期下发督办任务，并跟踪反馈处理结果，确保供应链业务风险全面覆盖、线上办理以及闭环管控，从而对供应链各环节提质增效。

4. 打造"望、闻、问、切"的移动监督体系

创新应用"智能＋监督"理念，以"望、闻、问、切"四步法，构建现场监督"物联网"，通过实时监控、数据采集、智慧决策，实现人工线下监督向智能移动监督的转变。同时将监督对象和督察人员的行为量化，实时对违规风险智能研判，构建风险

事前预防、事中监督、事后改进的闭环管控新机制。

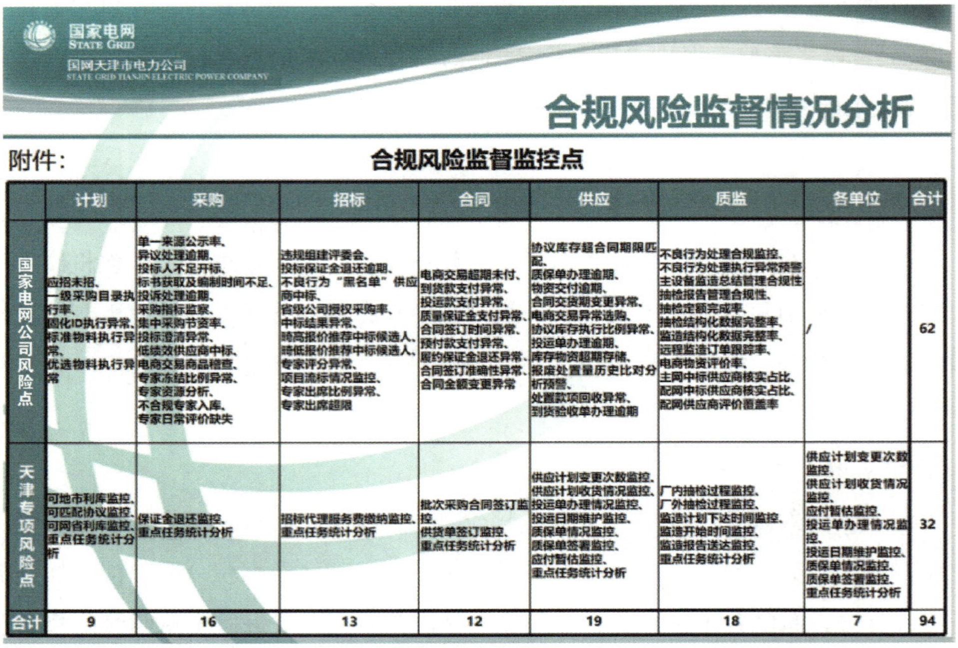

	计划	采购	招标	合同	供应	质监	各单位	合计
国家电网公司风险点	应招未招、一级采购目录执行率、固化ID执行异常、标准物料执行异常、优选物料执行异常	单一来源公示率、异议处理逾期、投标人不足开标、标书获取及编制时间不足、投诉处理逾期、采购指标监察、集中采购节资率、投标澄清异常、低绩效供应商中标、电商交易商品稽查、专家冻结比例异常、专家资源分析、不合规专家入库、专家日常评价缺失	违规组建评委会、投标保证金退还逾期、不良行为“黑名单”供应商中标、省级公司授权采购率、中标结果异常、畸高报价推荐中标候选人、畸低报价推荐中标候选人、专家评分异常、项目流标情况监控、专家出席比例异常、专家出席超限	电商交易超期未付、到货款支付异常、投运款支付异常、质量保证金支付异常、合同签订时间异常、预付款支付异常、履约保证金退还异常、合同签订准确性异常、合同金额变更异常	协议库存超合同期限匹配、质保单办理逾期、物资交付逾期、合同交货期变更异常、电商交易异常选购、协议库存执行比例异常、投运单办理逾期、库存物资超期存储、报废处置量历史比对分析预警、处置款项回收异常、到货验收单办理逾期	不良行为处理合规监控、不良行为处理执行异常预警、主设备监造总结管理合规性、抽检报告管理合规性、抽检定额完成率、抽检结构化数据完整率、监造结构化数据完整率、远程监造订单跟踪率、电商物资评价率、主网中标供应商核实占比、配网中标供应商核实占比、配网供应商评价覆盖率	/	62
天津专项风险点	可地市利库监控、可匹配协议监控、可网省利库监控、重点任务统计分析	保证金退还监控、重点任务统计分析	招标代理服务费缴纳监控、重点任务统计分析	批次采购合同签订监控、供货单签订监控、重点任务统计分析	供应计划变更次数监控、供应计划收货情况监控、投运单办理情况监控、投运日期维护监控、质保单情况监控、质保单签署监控、应付暂估监控、重点任务统计分析	厂内抽检过程监控、厂外抽检过程监控、监造计划下达时间监控、监造开始时间监控、监造报告送达监控、重点任务统计分析	供应计划变更次数监控、供应计划收货情况监控、应付暂估监控、投运单办理情况监控、投运日期维护监控、质保单情况监控、质保单签署监控、重点任务统计分析	32
合计	9	16	13	12	19	18	7	94

图 6－23　国网天津电力物资专业合规风险监督监控点

（1）人机互联，“望”其行。

人机状态实时管控。在评标现场为评标专家、评标组织、会务服务等各类人员配备智能手环，实现对各类人员位置和轨迹的实时跟踪。同时通过内置传感器对智能储物柜、闸机、手环、Pad、摄像头、定位基站等设备运行状况进行全方位监控。

异常状态自动报警。当现场人员进入违规区域，手环自动振动提示，系统后台实现报警声，提醒监督人员进行跟踪处理。当设备电量不足或运行异常予以提示，由工作人员现场进行确认并维护，保证监督工作正常开展。

视频联动追溯留痕。当发现人员违规跨越电子围栏，监控系统会自动切换至违规区域视频监控，便于监督人员查看。对于确实存在违规行为的直接记入评标违规行为记录表，纳入后续调查处理，并借助录音录像资料调查取证。

（2）全息感知，“闻”其声。

全面监督现场录音。借助录音电话管控系统，现场人员必须通过手环才能启动接听或拨打电话功能，后台自动记录完整信息，实现对录音电话及评标现场对外联系进行全时段、全方位的语音在线监督。

自动识别敏感语句。归纳总结形成 100 多项敏感词库，与通话内容自动比对和排查，当有敏感词出现时，系统实时自动启动报警功能，纳入异常跟踪处理，监督人员介入调查核实。

电话录音调阅录证。全程电话录音，利用语音识别软件对方言进行文字翻译，形成文本记录。根据相关问题调查需要，自主查阅，从事后简单的录音功能提升为内容排查录证功能。

（3）数据融通，"问"其为。

全程电子化监督。对开评标全过程的监督要点进行梳理和细化，将 13 大项、131 个监督要点、100 余项负面清单全部固化到 Pad 中，并匹配到开评标工作各业务环节，选项填写监督结果，重点内容文字录入，实现监督记录全程电子化。

监督任务自主引导。系统根据监督人员所处的位置维度、执行任务的时间维度全程自动推送监督任务，在关键环节提示监督依据，监督人员根据任务引导和提示，可以高质量完成各项监督工作。

监督缺项自我排查。结合开评标活动的关键节点在提交前设置自我排查和梳理功能，自我排查监督项目完成情况，对于未记录和填写不完整的监督点予以提示，有效规避监督作业的漏项、错项。

（4）多维量评，"切"其像。

监督报告一键生成。系统结合监督内容和必要内容，自动形成履责评价结果生成监督报告，综合评价整个开评标活动开展情况，自动对接国家电网公司电子商务平台，实现一键上传，全面提升现场监督效率。

监督对象精准画像。借助于系统自动数据分析，汇总各环节监督中发现的异常行为，聚焦于评标专家、代理机构和监督人员本身三个维度，进行三方画像，实现对各类人员履责情况的全程监督。

负责问题限时督办。对现场发现的新问题实施闭环管控，针对发现问题进行调查核实，核实结果限时录入系统，逐步完善现场监督缺陷库，作为后续提升监督水平样本参考。

（三）应用成效

1. 创新智能化监督方法论，多维化规范物资监督业务

通过信息化建设，构建集物资监督管理平台和云存储、云计算平台于一体的物资管理监督系统，实现风险智能识别与预警、监督业务在线办理、智能监督装备管理、

数据存储、交互、分析计算等功能，进一步规范物资管理监督工作，提高物资监督全流程规范性，有效解决监督过程发现问题难、调查取证难等问题的同时，节约人力投入和组织成本，大幅提高监督工作质效。

2. 打通监督网络，实现采购现场监督模式"四大转变"

优化监督方式，实现监督工作的信息化管理，实现监督工作规范化、流程化，使用智能监督系统对评标现场实施线上监督；配备智能 Pad 和移动监督记录仪，实现移动作业，提高监督工作质效 60% 以上；通过多种智能终端设备，对风险进行全面感知和预判，创建分布式"缺陷库"实现负面清单的自动补充和全网共享，监督有效覆盖率提升至 90%；固化 110 项监督要点，并进行任务制管理，通过时间维度、位置维度为监督人员"智能引导"，实现监督规范率 100%，减轻监督工作负担 80%；监督对象实现他律→自律→常律，通过移动终端和物联网的应用，部分业务实现无人化监督，利用评价结果，弘扬"风清气正"的正能量，使监督对象由他律变自律，由自律升常律。

3. 建立物资监督新机制，营造风清气正的采购环境

通过监督体系提升实施举措，使"三全三化"供应链风险防控体系成功实践落地，大力弘扬风清气正的廉洁文化，使物资从业人员、评标专家由他律变自律、由自律升常律，真正将"干事干净"的廉洁文化理念贯穿到实际工作和每一个具体行为里，正面引导干部员工拒腐防变，保障公平、公正、公开的阳光采购环境，提升公司的品牌形象。

第七章

展　望

近年来，围绕构筑产业链供应链体系、推动产业链供应链韧性与稳定、提升产业链供应链现代化水平等方面，中央做出了一系列重要论述。国家电网公司作为关系国民经济命脉和国家能源安全的特大型国有重点骨干企业，积极推动供应链创新发展，构建国际领先、国网特色的绿色现代数智供应链。党的二十大对"坚持全面依法治国""坚定不移全面从严治党"进行了专题论述，明确"严的主基调"一以贯之，持之以恒推进全面从严治党，与此同时，公司接受外部监管和内部监督的力度持续增强。在大的背景之下，责任央企、从严治企要求愈加突显。风险防控在国网供应链由企业级向行业级转变，聚焦高端化、智能化、绿色化，引领产业链供应链高质量发展方面面临更高要求。

下一步，国家电网公司供应链风险管理将立足于全面风险防控，准确把握供应链风险防控未来发展趋势，持续深化"三全三化"供应链风险防控体系建设，探索实践供应链监督"新模式、新常态、新路径"，推进供应链"防控体系更完善、风险识别更精准、风险管控更智慧、防控资源更丰富"，引领供应链上下游和谐共赢发展。

一、防控体系更完善

进一步强化组织防控、技术防控、业务防控、监督防控各项措施，全面落实主体责任和监督责任，推动供应链风险防控体系清晰可溯。

（1）持续健全数智监督工作体系。完善数智监督组织体系、健全数智监督制度体系、构建数智监督标准体系，突出问题导向，建立健全事前事中事后监督管理工作体系，做早做好事前预防，做真做实事中监督，做深做远事后监督，进一步实现"事后监督"向"事前预防、事中监督"转变。

（2）持续探索数智化监督方式。深度融入绿色现代数智供应链体系建设，推进前沿数字技术与监督业务的深度融合，对所有信息进行结构化存储与数智化分析诊断，稳步推进供应链风险技术防控持续创新。

（3）持续加强专业协同机制。筑牢协同推进理念，强化"专业协同、数据协同、多级协同"工作机制，发挥监督合力，实现监督职责再强化、监督力量再融合、监督效果再提升。

二、风险识别更精准

持续拓展数智监督范围，强化供应链潜在风险与制度规范要求联动，提升穿透式定位风险能力，推动供应链风险精准识别。

（1）构建采购主体合规画像。充分发挥供应链平台业务整合效应，定位主要环节，判定关键要素，通过数据精梳、比对与挖掘，确定高频风险点，实现采购主体全息多维可视，精准量化展示风险管理水平。

（2）探索风险分级分类。利用大数据分析、云模型等技术手段对供应链风险进行数字化监督与智能化诊断，通过模型进行数据分析，按照风险等级及类别，智能设定不同级别的风险阈值，按照风险等级及分类制定匹配性适宜的监督策略，为风险防控提供决策依据，从源头避免违规行为。

（3）强化风险点精益化管理。汇聚整合内外部海量数据资源，构建端到端数据底座，同时不断充实"规章制度数据库"，通过机器学习，寻找供应链风险数据与规章制度关联规律，根据规律自动预测形成新的风险点，以制度为硬约束，以数据为软实力，持续织密供应链数智监督风险网络。

三、风险管控更智慧

推进供应链各节点信息多向整合，持续拓展数智监督技术手段应用，利用数智化手段实现供应链风险管控全面优化升级。

（1）畅通信息数据共享渠道。通过物联感知技术，将发展、建设、营销、财务等各专业资源数字联结，强化跨专业数字化协同监督作用，实现供应链风险组织防控从专业管理向全面管理转变。

（2）赋能合规监督数智运营。强化供应链平台数据赋能，以运营分析为基础，以全时监督数字员工为抓手，实时动态监控供应链各业务环节潜在风险，自动提取供应链异常信息，智能通知、跟踪、督办供应链异常事件，进一步增强各业务风险管控的联动性。

（3）探索风险监测智能仿真技术。基于虚拟仿真技术和信息技术营造数字化风险防控应用场景，通过使用智能设备，实现对供应链风险防控和物资管理的远程即时监督，不断提升智能化风险管控能力。

四、防控资源更丰富

统筹供应链风险防控资源，推动资源数字化转型与融合共享，夯实供应链风险管理底座。

（1）加强专家资源精益管理。建立以专兼职监督人员为主体，各专业技术专家为支撑的专业化供应链风险防控专家库，持续加强评标专家胜任力、专家资源配置力、专家资源保障力建设，推动专家资源跨地区、跨单位共享。

（2）创新供应链风险防控培训体系。以现有培训资源为基础，持续加大数据分析、业务预测、可视监控、图像识别等技术手段应用，打造看得见、可操作、不受限的供应链风险防控培训体系，以精细化、实用化、专业化的培训工作补齐短板，不断提升人防技防能力。

（3）探索云资源应用。充分发挥供应链链主作用，贯彻构建统一大市场战略部署，引导链上企业云共享产权信息、信用认证、生产数据等信息，提升云资源共享深度。

（4）强化党建和文化引领。加强党建工作与物资业务工作深度融合，深入打造"质量第一、效益优先，忠诚担当、精细严实，作风优良、干事干净"具有国网特色的供应链文化。

国家电网公司将继续立足纵深推进绿色现代数智供应链建设，持续强化全链风险数智管控，筑牢织密风险防控网、拓展数智监督深度广度、加大政企沟通合作力度，着力打造更具创新力、更具附加值、更安全可靠的电力能源产业链供应链，更好服务公司和电网高质量发展，更好支撑公司"双碳"目标实现、新型电力系统建设、能源转型和电力保供，建成国网特色的绿色现代数智供应链风险防控体系。

参 考 文 献

［1］ 蒋明夫，郭昕，陈光宇，等. 航空发动机高空模拟试验风险分析研究［J］. 燃气涡轮试验与研究，2010，2：52－57.

［2］ 李道重. GB/T 19001—2016/ISO 9001：2015 中"风险管理"怎么应用？［J］. 上海质量，2017，6：48－51.

［3］ 袁小轶. 高职院校网络舆情风险管理方法研究［J］. 管理观察，2018，20：5－6.

［4］ 王丽杰，宋福玲. 供应链风险预警及风险防范控制研究［J］. 经济视角，2010，20：40－42.

［5］ 柳键，叶影霞. 供应链风险管理的研究与对策［J］. 工业技术经济，2007，12：95－98.

［6］ EMROUZNEJAD A, ABBASI S, S₁CAKYüZ Ç. Supply chain risk management: A content analysis-based review of existing and emerging topics［J］. Supply Chain Analytics, 2023, 3: 100031.

［7］ RAHMAN T, PAUL S K, AGARWAL R, et al. Overview of Supply Chain Risk and Disruption Management Tools, Techniques, and Approaches［M］//PAUL S K, AGARWAL R, SARKER R A, et al. Supply Chain Risk and Disruption Management: Latest Tools, Techniques and Management Approaches. Singapore：Springer Nature Singapore, 2023: 1－22.

［8］ 王铁铮，任博翰，孙畅，等. 电力物资供应链风险评估及应对研究［J］. 科技创新与应用，2016（34）：156.

［9］ 周章贵. 非洲冲突矿产供应链风险识别、防范与应对［J］. 中国投资（中英文），2022（Z6）：96－98.

［10］ 陈玮，焦孟甦. 供应链风险识别与评估研究综述［J］. 安徽农业科学，2016，44（10）：290－292＋298.

［11］ 杨晶. 供应链风险应对策略［J］. 中国物流与采购，2020（16）：93.

［12］ 贵州电网物资有限公司供应链风险管理体系项目组. 供应链风险管理：体系建设、运营与评估指南［M］. 北京：人民邮电出版社，2022.

［13］ 马林. 基于 SCOR 模型的供应链风险识别、评估与一体化管理研究［D］. 浙江大学，2005.

［14］ 王全玉，王洪生. 供应链金融下农业中小企业信用风险影响因素研究［J］. 科技与经济，2023，36（01）：61－65.